Birgit Weischedel

Electronic Data Interchange

Der Einsatz von EDI/EDIFACT am Beispiel des Banken- und Versicherungssektors

Bibliografische Information der Deutschen Nationalbibliothek:

Bibliografische Information der Deutschen Nationalbibliothek: Die Deutsche
Bibliothek verzeichnet diese Publikation in der Deutschen Nationalbibliografie;
detaillierte bibliografische Daten sind im Internet über http://dnb.d-nb.de/ abrufbar.

Copyright © 1995 Diplomica Verlag GmbH
Druck und Bindung: Books on Demand GmbH, Norderstedt Germany
ISBN: 9783838640242

http://www.diplom.de/e-book/219658/electronic-data-interchange

Birgit Weischedel

Electronic Data Interchange

Der Einsatz von EDI/EDIFACT am Beispiel des Banken- und Versicherungs-sektors

Diplom.de

Birgit Weischedel

Electronic Data Interchange
Der Einsatz von EDI/EDIFACT am Beispiel des Banken- und Versicherungssektors

Diplomarbeit
an der Universität Regensburg
Wirtschaftswissenschaftliche Fakultät
Institut für Industrielle Informationsprozesse, Lehrstuhl für
Wirtschaftsinformatik, Prof. Dr. Dieter Bartmann
August 1995 Abgabe

Diplom.de

Diplomica GmbH
Hermannstal 119k
22119 Hamburg

Fon: 040 / 655 99 20
Fax: 040 / 655 99 222

agentur@diplom.de
www.diplom.de

ID 4024
Weischedel, Birgit: Electronic Data Interchange · Der Einsatz von EDI/EDIFACT am
Beispiel des Banken- und Versicherungssektors
Hamburg: Diplomica GmbH 2001
Zugl.: Regensburg, Universität, Diplomarbeit, 1995

Diplomica GmbH
http://www.diplom.de, Hamburg 2001
Printed in Germany

INHALTSVERZEICHNIS

1   EINFÜHRUNG

1.1   *Motivation und Ausgangspunkt*

> *„Nun ist aber die Sprache das grosse Band, das die*
> *Gesellschaft zusammenhält; ja, sie stellt auch den Weg dar,*
> *auf dem die Fortschritte der Erkenntnis von einem Menschen*
> *zum andern und von einer Generation zur andern überliefert*
> *werden. "*
>
> *John Locke (1632 - 1704)*[1]

Sprache ist ein System von Zeichen, das der Gewinnung von Gedanken, ihrem Austausch zwischen verschiedenen Menschen sowie der Fixierung von erworbenem Wissen dient.[2] Sprache ist Kommunikation. Kommunikation ist Austausch, Umgang, Mitteilung, Verbindung und Zusammenhang. Sprache wird gesprochen, um etwas mitzuteilen. Es ist nötig, daß Menschen, die sich verständigen wollen, dieselbe Sprache sprechen, sonst werden sie nicht verstanden. Sonst können auch die „Fortschritte der Erkenntnis" nicht vermittelt werden. Neben der natürlichen Sprache existieren heute elektronische Sprachen, die Kommunikation über Raum und Zeit ermöglichen. Auch sie benötigen eine gemeinsame Basis, um überall verstanden zu werden.

In der heutigen Zeit ist die Qualität von Produkten durch Weiterentwicklung der Produktionsabläufe und -anlagen sowie durch Verbesserung der Rohstoffe fast zur Selbstverständlichkeit geworden.[3] Einem Industrieunternehmen reicht daher für die dauerhafte Behauptung am Markt die Qualität seiner Produkte nicht aus. Die Kunden setzen fast durchgehend gleich hohe Qualität voraus und legen verstärkt Wert auf Kriterien wie Produkterfahrung, produktionstechnisches Know-how, günstige Preise und immer mehr auch auf Servicefaktoren.

---

[1]   Locke / Über den menschlichen Verstand / S. 145
[2]   Vgl. Meyers Grosses Handlexikon / S.822
[3]   Vgl., auch zum folgenden: ESG / Spielwiese oder Basis für den Erfolg / S. 64

Viele Unternehmen behaupten zwar von sich, einen „guten" Service zu haben, aber der erschöpft sich bei näherem Hinsehen meist auf unverbindliche Freundlichkeit. Ein Unternehmen mit einem wirklich guten Service bietet Flexibilität, Termintreue, Liefergenauigkeit sowie ein breitgefächertes Angebot umrahmender Dienstleistungen als Leistungsmerkmale. Für dieses umfassende Angebot müssen Informationen aktuell bereitgestellt und schnell verarbeitet sowie die rasche und reibungslose Kommunikation mit vor- und nachgelagerten Geschäftspartnern sichergestellt werden. Auch zur Beteiligung an modernen Projekten wie Just-in-time-Produktion und -Lieferung oder in der Rolle eines Systemlieferanten ist eine hohe Leistungsfähigkeit auf dem Informationssektor mittlerweile unerläßlich. Je mehr Service man anbietet, desto größer ist der Informationsanspruch.

Die unternehmensübergreifende Kommunikation mit Hilfe des elektronischen Datenaustauschs (Electronic Data Interchange) liefert diese Informationen „Just-in-time". Relevante Daten können schneller, sicherer und fehlerfreier übermittelt werden. Dadurch verbessert sich der „versprochene" Kunden-Service, die Wettbewerbsfähigkeit bleibt langfristig gesichert und interne Geschäftsabläufe können optimiert werden. Durch die elektronische Übertragung mit EDI werden Kosten reduziert (verminderter Erfassungsaufwand, weniger Mitarbeiter etc.) und Papier eingespart.

UN/EDIFACT (United Nations/Electronic Data Interchange for Administration, Commerce and Transport) ist eine besondere „Sprachregelung" für den elektronischen Datenaustausch. UN/EDIFACT beinhaltet standardisierte Nachrichtentypen für eine Vielzahl von zwischenbetrieblich ausgetauschten Dokumenten und regelt für diese den Wortschatz (= Datenelemente) und die Syntax. UN/EDIFACT ist unabhängig von Hardware und Software, international gültig und anwendbar und ermöglicht dadurch eine weltweite Kommunikation. UN/EDIFACT ist nicht an einzelne Branchen gebunden, sondern kann von jedem Unternehmen, das sich anschließt, für die Kommunikation mit allen Geschäftspartnern verwendet werden. Aufgrund all dieser Vorteile „erobert" der elektronische Datenaustausch mit UN/EDIFACT immer mehr Unternehmen und sucht sich seinen angemessenen Platz in der Geschäftswelt.

1.2 Inhalt und Aufbau der Arbeit

Während bisherige Arbeiten im EDI-Umfeld vornehmlich Industrie- und Handelsbetriebe diskutierten, soll die vorliegende Arbeit auf Anwendungen des elektronischen Datenaustauschs im Banken- und Versicherungsbereich eingehen. Dabei liegt der Schwerpunkt beim Bankensektor, da EDIFACT-Projekte und -Anwendungen hier weit häufiger und verbreiteter sind als bei den Versicherungen.

Die vorliegende Arbeit beginnt mit einer Vorstellung der Grundlagen des elektronischen Datenaustauschs. Nach der Definition von EDI werden Anwendungen und Voraussetzungen kurz beschrieben und die Verbreitung bzw. auch Beschränkung anhand von Branchen- und Insellösungen verdeutlicht. Es folgt eine Darstellung der Entwicklung von EDIFACT als umfassende Sprache für EDI und eine detaillierte Beschreibung des Aufbaus von EDIFACT-Nachrichten. Das ISO/OSI-Referenzmodell als Basis für die Kommunikation und der aktuelle Stand der Normung werden erläutert. Es schließt sich eine Aufführung von Anwendungsmöglichkeiten mit Beispielen an.

Im zweiten Abschnitt wird genauer auf die Anwendung von EDI/EDIFACT bei den Banken und Versicherungen eingegangen. Neben den speziellen Einsatzgebieten wie z. B. dem Zahlungsverkehr bei den Banken wird hier das allgemeine technische System einschließlich der Leistungsmerkmale von Clearing Centern beschrieben. Anschließend folgt ein Überblick über Vor- und Nachteile der Anwendung sowie über Sicherheitsaspekte bei der Datenübertragung.

Das dritte Kapitel liefert demgegenüber eine Betrachtung von EDI/EDIFACT aus Sicht der Kunden (der Banken/Versicherungen). Auch hier werden mögliche Einsatzgebiete vorgestellt, die die Kunden realisieren können. Die Vorstellung der Technik des Systems beinhaltet die Diskussion der Clearing Center und der damit verbundenen Leistungen und Angebote für die Kunden. Im Anschluß folgen wiederum Vor- und Nachteile des elektronischen Datenaustauschs, diesmal mit den Augen der Kunden betrachtet. Im vierten Abschnitt schließlich werden einige ausgewählte Pilotprojekte aus dem Banken- und Versicherungsbereich vorgestellt, die dabei eingesetzten Systeme erläutert und Erfahrungen und Ergebnisse beschrieben. Den Schluß bildet ein Resümee mit einer Zusammenfassung und einem Ausblick auf die zu erwartende Weiterentwicklung von EDI/EDIFACT.

2   GRUNDLAGEN VON EDI/EDIFACT

2.1   *Am Anfang war das Papier...*

Prinzipiell bestehen alle wirtschaftlichen Aktivitäten einer Industriegesellschaft darin, immer wieder Güter bzw. Leistungen gegen Geld zu tauschen und umgekehrt.[4] Stark vereinfacht ausgedrückt stellen diese Tauschvorgänge demnach, neben der Produktion der Güter oder Leistungen, das Hauptziel einer Wirtschaft dar: Jedes Unternehmen will möglichst oft und möglichst viel „tauschen". Da jedes Unternehmen außerdem dem Handels- und Steuerrecht unterworfen ist, müssen alle diese Tauschvorgänge schriftlich dokumentiert und Bücher angelegt werden.

Jeder Tauschvorgang beinhaltet wiederum viele Vorgänge zwischen den beteiligten Firmen, die aufgrund der rechtlichen Vorschriften alle auf Papier festgehalten und (meistens per Post) verschickt werden. Findet eine Transaktion ins Ausland statt, benötigt man zusätzlich etwa 30 verschiedene Handels-, Zoll- und Transportpapiere, die die in Abbildung 1 dargestellte Papiermenge nochmals erheblich erhöhen.

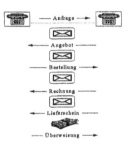

Abbildung 1 - Die Papierflut...[5]

Ganz abgesehen von dem beträchtlichen Arbeitsaufwand kostet dieser Papierverbrauch auch sehr viel Geld. Man kalkuliert üblicherweise für die mit Papierdokumenten verbundenen Kosten 10% der Betriebsausgaben ein, was allein für Europa 300 Milliarden Dollar ausmacht.[6] Der Papierkrieg verteuert bspw. jeden Wagen der US-Automobilhersteller um 200 Dollar![7]

---

[4]   Jonas / Datenfernübertragung / S. 232
[5]   In Anlehnung an: Jonas / Datenfernübertragung / S. 233
[6]   Jonas / Datenfernübertragung / S. 234
[7]   Preissner-Polte / Fix in Form / S. 234

2.2   Übergang

Um diese Kosten zu senken, wurden in den meisten Betrieben Personalcomputer und auch PC-Netze (unternehmensintern) eingeführt. Da sich heutzutage auch ein kleines Unternehmen einen PC leisten kann, werden die meisten Handelsdokumente heute auf diese schnellere und weniger fehleranfällige Art erzeugt. Während zu Beginn der Entwicklung mit Hilfe der PC's „nur" Rechnungen erstellt wurden, können heutzutage Unternehmen mit Hilfe von hochentwickelten Systemen auch Auftragsabwicklung, Lagerverwaltung oder Buchhaltung komplett organisieren. Einmal eingegebene Daten können beliebig weiterverarbeitet werden, wodurch sogar das Abtippen von empfangenen Papierdokumenten wirtschaftlich wird.

Was aber is mit der Papierflut? Gerade deutsche Unternehmen können sich nur schwer vom Papier trennen: Bis zu 70 % aller Dokumente, die DV-Anlagen „produzieren", kommen wie vor 100 Jahren immer noch per Post oder Fax beim Empfänger an und werden dort zur Weiterverarbeitung ein zweites Mal erfaßt.[8] Es entstehen große Zeitverluste und Kosten (schon in Deutschland etliche Millionen!) sowie zusätzliche Fehlerquellen durch die notwendigen Mehrfacherfassungen.

Das alles kann durch elektronischen Datenaustausch vermieden werden. Die PC's, die in den meisten Unternehmen vorhanden sind, können gleichermaßen für die unternehmensübergreifende Kommunikation mit Hilfe elektronischer Medien genutzt werden. Den Anfang machte der einfache Datenaustausch per Diskette, wo ohne jedes elektronisches Transportmedium der „beschriebene" Datenträger konventionell übergeben wird. Es folgte die Datenfernübertragung (DFÜ) über öffentliche Netze. Immer mehr rückt jedoch als „Wachablösung" der elektronische Datenaustausch in den Blickpunkt, der im Gegensatz zu den oben erwähnten Verfahren einheitliche, genormte Nachrichtenformate einsetzt, die direkt zwischen den Applikationen ausgetauscht werden (wobei jedoch die reine Übertragung immer noch per DFÜ stattfindet.[9]

---

[8]   Güc / Komplexe Technik einfach bedienen / S. 38
[9]   Lt. der Studie von ESG wenden zwar immer noch knapp 60 % der befragten Unternehmen die reine Methode der DFÜ an, jedoch schon über 40 % EDI.

2.3   EDI

2.3.1   Definitionen und Grundlagen

Ziel von EDI ist die Verbesserung des Flusses und der Verwaltung von Informationen sowie der Verringerung des Papierverbrauchs. Strukturierte Daten, deren Zusammensetzung und Gliederung exakt festgelegt ist[10], werden elektronisch direkt zwischen den Computern der Beteiligten ausgetauscht und können sofort weiterverarbeitet werden. EDI bietet die Vorteile schnellerer Übermittlung, automatisierbarer Abläufe sowie Arbeits- und Kostenreduktion durch die Vermeidung von Datenerfassung und der Reduzierung von Erfassungsfehlern. Als Beispiel sei hier folgende Berechnung angeführt:

Papierdokument		EDI-Dokument	
Posteingang		Anschaltgebühr	0,40 DM
Postverteilung		Telefonkosten	
Auftragserfassung		(Anwahl Netzknoten)	1,15 DM
Bestätigung		Zeichengebühr	2,56 DM
		Datenkontrolle im	
		SAP-System	5, - DM
Kosten insg. pro Auftrag:	26,56 DM	Kosten insg. pro Auftrag:	9,11 DM

Abbildung 2 - Preisvergleich Papier - EDI [11]

Außerdem werden durch die Anwendung von EDI Medienbrüche vermieden. Durch die sofortige Bereitstellung von relevanten Informationen (bessere Lieferinformationen, geringere Lagerbestände) und die Möglichkeit, sofort und flexibel reagieren zu können (optimierte Materialverwaltung, reduzierter Management-Aufwand), können bestehende Geschäftsabläufe neu und flexibel umorganisiert und rationalisiert werden. Die extern entstandenen elektronischen Prozeßketten können innerbetrieblich fortgesetzt werden, mechanische und manuelle Abläufe durch elektronische ersetzen und somit eine „engere Verzahnung der zusammenhängenden Funktionen aller Partner" [12] möglich machen.

---

[10]   Also hauptsächlich und geeigneterweise Dokumente mit Formularcharakter wie Rechnungen, Bestätigungen, Bestellungen oder Zollpapiere.
[11]   Eigener Entwurf nach : Fischer, Lasser / Kosten-Nutzen-Potential / S. 47
[12]   Gallasch / EDI - Die innerbetriebliche Komponente / S. 61

Das Kürzel EDI hat sich erstmals vor ca. 19 Jahren als Inbegriff für die Verfahren in den USA durchgesetzt.[13] EDI wird in der Literatur in Ermangelung einer übereinstimmenden Definition von unterschiedlichen Quellen etwa so beschrieben:

- „...der elektronische Austausch von Dokumenten in allen möglichen Geschäftsbereichen"[14]

- „...Austausch genormter formatierter Daten zwischen Computeranwendungssystemen der Geschäftspartner"[15]

- „...Übertragung strukturierter Daten von Computer zu Computer auf der Basis vereinbarter Nachrichtenstandards"[16]

- „Electronic Data Interchange is the inter-organizational, computer-to-computer exchange of business documentation in a standard, machine-processable format."[17]

- „...bezieht sich meistens auf den Austausch standardisierter Geschäftsdokumente"[18] auf elektronischem Wege

- „...Form der Kommunikation, bei der kommerzielle und technische Daten unter Nutzung standardisierter Datenformate zwischen Computern/Applikationen der Geschäftspartner unter Anwendung offener elektronischer Kommunikationsverfahren mit der Möglichkeit der bruchlosen Weiterverarbeitung ausgetauscht werden."[19]

Die UN/ECE (UN/Economic Commission for Europe, siehe Anhang 2) beschreibt EDI so: „The direct transfer of structured business data between computers by electronic means, i.e. the paperless transfer of business 'documentation'." EDI eignet sich besonders für Transaktionen mit „zeitkritischer Bedeutung, starkem Routinecharakter und hohem Volumen"[20]. Sobald strukturierte Aufgabenstellungen wie z. B. eine Auftragsabwicklung bearbeitet werden, entfaltet EDI alle seine Vorteile, während es bei unstrukturierten Aktionen (Produktgestaltung oder Konstruktion) lediglich helfen kann, das Informationsniveau zu verbessern. Das heißt, daß der Einsatz von EDI seinen vollen Nutzen besonders dort entfaltet, wo viel mit Formularen gearbeitet wird, die immer wieder mit „Daten und Zahlen gefüllt und verschickt"[21] werden müssen

---

[13] Schramm / Elektronischer Datenaustausch / S. 95
[14] Plattner, Lanz, Lubich, Müller, Walter / Datenkommunikation / S. 181
[15] Scheer, Berkau, Kruse / Analyse / S. 30 ff.
[16] Christann / EDIFACT und OSI / S. 346 ff.
[17] Emmelmainz / EDI / S. 4
[18] Picot, Neuburger, Niggl / Ökonomische Perspektiven / S. 22 ff.
[19] stratEDI / Prospekt
[20] Georg / EDIFACT / S. 6
[21] Güc / Elektronischer Datenaustausch / S. 21

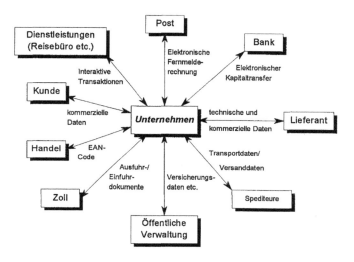

Abbildung 3 - EDI-Kommunikationsbeziehungen [22]

Die Informationen werden über beliebige Distanzen mit Hilfe von Telekommunikationsnetzen ausgetauscht, welche von privaten oder öffentlichen Fernmeldediensten oder Mehrwertnetzbetreibern (VANS) angeboten werden. Durch Inanspruchnahme dieser Mehrwertdienste können eingegangene Nachrichten bearbeitet und z. B. in das jeweilige Inhouse-Format konvertiert werden.

Diese Netze und Dienste lassen eine genaue Verfolgung des Nachrichtenweges und damit genaue Kontrolle zu. Außerdem können Medienbrüche, wobei empfangene Daten vom jeweiligen Rechner nicht erkannt und weiterverarbeitet werden können und für das System umgewandelt oder neu erfaßt werden müssen, vermieden werden.

---

[22]   Picot, Neuburger, Niggl / Wirtschaftliche Potentiale von EDI / S. 32

Nach den vorangegangenen Definitionen wird klar, daß man EDI strikt von anderen Anwendungen wie z. B. dem Datenträgeraustausch oder Electronic (Interpersonal) Mail (E-Mail) abgrenzen muß. Beim Datenträgeraustausch werden die Daten zwar elektronisch auf den Träger überspielt, die eigentliche Übertragung jedoch findet ohne elektronisches Medium statt, d.h. es wird lediglich der Datenträger selbst (Diskette o.ä.) physikalisch übermittelt. E-Mail ist der Austausch von Informationen zwischen zwei oder mehreren Personen, EDI dagegen verknüpft zwei oder mehrere Applikationen (keine Personen).

Vorreiter auf dem Gebiet von EDI [23] waren v.a. die Branchen der Großunternehmen wie Computer, Banken, Fahrzeugbau, Kunststoffverarbeitung und Elektronik/Elektrotechnik.[24] Trotz der Forcierung in den großen Firmen war EDI in der DV-Szene viele Jahre lang eher ein Schlagwort als Praxisrealität.[25] Auch heute noch liegt Deutschland im internationalen EDI-Vergleich weit hinter anderen Ländern zurück:

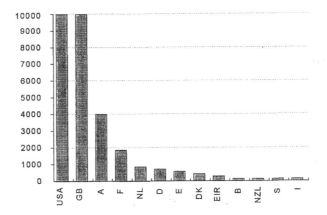

Abbildung 4 - EDI-Nutzung international (1993) [26]

---

[23]   Vgl. auch: Kirchner / Elektronischer Datenaustausch / S. 16 - 18
[24]   Vgl. zur Wohnungswirtschaft: Strohmeyer / Die strategische Bedeutung des elektronischen Datenaustauschs, dargestellt am Beispiel von VEBA Wohnen / S. 462 - 475
[25]   Karszt / Internationale Standards / S. 43
[26]   Raudszus / EDI / S. 56

2.3.2   Branchen- bzw. Insellösungen

Um die reibungslose Verständigung der Kommunikationspartner zu erreichen, müssen die Daten, die ein Unternehmen abschickt, von dem empfangenden Unternehmen auch erkannt werden. Nur so kann eine automatische Weiterverarbeitung der Daten realisiert werden. Der elektronische Datenaustausch braucht also eine gemeinsame „Sprache", d.h. Syntax (Ordnung der Zeichen und ihrer Verbindungen innerhalb der Nachricht) und Semantik (Bedeutung und Inhalt der Zeichenfolge) der Informationen müssen genau festgelegt sein. Die in den verschiedenen Unternehmen verwendeten unterschiedlichsten Arten von Computersystemen, Software und Hardwarevoraussetzungen sind aber vielfältig und unterscheiden sich erheblich. Eine durchgängige Weiterverarbeitung der Daten ohne Medienbrüche ist damit selten möglich. Man muß für eine umfassende Verständigung ein bestimmtes Datenformat und Übertragungsprotokoll festlegen und sich so auf eine gemeinsame „Sprache" einigen.

In dem Bemühen, gemeinsame Standards zu setzen, entwickelten sich seit Ende der 70er Jahre mehrere Branchen- bzw. Insellösungen, die aber nur für bestimmte Branchen bzw. nationale Gültigkeit besaßen und somit den weltweiten, unabhängigen Einsatz verhindern. Angehörige einer bestimmten Branche bzw. Gruppe entwickelten spezifische Lösungen mit bestimmten Regeln, so daß alle daran beteiligten Unternehmen diese Dokumente erkennen und verstehen konnten.

Eine andere Entwicklung ging dahin, daß bestimmte Branchen parallel zur EDIFACT-Standardisierung „Untermengen" der bis dahin entwickelten EDIFACT-Gesamtdarstellungsmöglichkeiten als eigenständigen Branchenstandard definierten. Mit diesen sog. EDIFACT-Subsets (wie z. B. EDIFICE, ODETTE, CEFIC oder EANCOM) wurde die Kommunikation und die Implementation des EDI-Systems für die einzelne Branche dadurch vereinfacht, daß ein EDIFACT-Nachrichtentyp auf den benötigten Inhalt verkürzt[27] und alles andere nicht erforderliche „Gewirr der Elemente und Segmente" [28] weggelassen wurde. Es gibt Beispiele, wo eine Rechnung im branchenspezifischen Subset nur noch 20 % des ursprünglichen Umfangs besitzt.[29]

---

[27] Neuburger / Electronic Data Interchange / S. 85
[28] Schubenel / EDIFACT ja - aber ... / S. 19
[29] Dirlewanger / EDIFACT, der Schlüssel / S. 37

Diese Subsets, die die komplexen und häufig unübersichtlichen EDIFACT-Standards[30] „schlanker" machen, stellen eine bequeme und effiziente Lösung dar, um elektronischen Datenaustausch zu ermöglichen, solange man seine Geschäfte nur in der jeweils „gültigen" Branche tätigt und man zwischen Anwendern kommuniziert, die gleiche Subsets benutzen. Die notwendigen Bewilligungen zur Einführung eines Subsets sollen zunehmend restriktiver gehandhabt werden, da die Subset-Bildung als eine Erscheinung der Anfangszeit des weltweiten EDIFACT-Einsatzes gesehen wird und dann zum Abklingen gebracht werden muß, wenn die Idee des Weltstandards nicht durch zuviele Subsets unterlaufen werden soll.[31] Alle Einzellösungen haben außerdem das Problem, daß sie untereinander nicht kompatibel sind. Die jeweiligen Standards berücksichtigen nur die speziellen Interessen der einzelnen Branchen und machen aufwendige bilaterale Anpassungen zur Festlegung der Normen erforderlich.

Gerade auf dem europäischen Markt, in dem die Unternehmen Geschäftspartner in vielen Branchen und Ländern haben, reicht ein Branchenstandard oder -subset nicht aus, alle Geschäfte abzuwickeln. Die Hemmnisse zwischen den EG-Partnern müssen beseitigt werden. Ein Unternehmen aus der Automobilindustrie muß auch mit einer Bank oder einer Versicherung Nachrichten austauschen können. Ebenso kann eine EDIFICE (s. 2.3.2.3) anwendende Elektrofirma benötigte chemische Produkte nicht bei der chemischen Industrie bestellen, da diese den CEFIC-Standard (s. 2.3.2.3) verwendet, und auch nicht mit ihrer Bank kommunizieren, da diese S.W.I.F.T. (s. 2.3.2.2) benutzt. Abbildung 5 verdeutlicht die heterogenen Reichweiten einzelner Standards, die teilweise branchenbezogen, teilweise national begrenzt sind.

international			EDIFACT
regional		ODETTE (Automobil Europa) RINET (Versicherung Europa) S.W.I.F.T. (Bank Europa) EANCOM (Handel /KG Europa) CEFIC (Chemische Ind. Europa) EDIFICE (Elektronik Europa)	
national		VDA (Automobil Deutschland) SEDAS (Handel Deutschland) DTA (Bank Deutschland)	ANSI X.12 (USA) GTDI/TRADACOM (Großbritannien)
bilateral	VW - Formate BAV (siemens-spezifische Festlegung für den internen Datenaustausch)		
	unternehmensbezogen	branchenabhängig	branchenunabhängig

Abbildung 5 - Reichweite verschiedener EDI-Standards [32]

---

[30] Diese komplexe Struktur ist jedoch aufgrund der vielfältigen internationalen Anforderungen notwendig, um alle Branchen abzudecken.
[31] Dirlewanger / EDIFACT, der Schlüssel / S. 37
[32] In Anlehnung an: Georg / EDIFACT / S. 27

2.3.2.1   ODETTE

Zu den EDI-Wegbereitern gehört beispielsweise die Automobilbranche. Der VDA (Verband der deutschen Automobilindustrie) versuchte das Problem der gemeinsamen Sprache zu lösen, indem er Regeln aufstellte, die die Kommunikation zwischen den Autoherstellern und den Zulieferern organisieren sollten. So wurde der Datenaustausch rationalisiert und die „Just-in-time"-Produktion möglich gemacht. Doch bald schon merkte man, daß es nötig war, dieses System auch auf ausländische Partner auszuweiten, und so entstand ODETTE (Organisation for Data Exchange by Tele Transmission in Europe), ein gemeinsamer Standard für die europäische Automobilbranche. ODETTE ist ein Subset der EDIFACT Syntax ISO 9735 und verwendet das TDED (siehe 2.4.2.4). Hierfür stehen zur Zeit (Stand März 1995) 26 Nachrichtentypen wie z. B. DELINS oder AVIEXP zur Verfügung.

Die Automobilbranche betreibt EDI schon am längsten und hat wohl auch die meisten Anwendungen: im November 1994 waren es 21185 VDA- und 2005 ODETTE-Anwendungen allein für Deutschland.[33] Im März '95 waren insgesamt 20 Automobilhersteller mit ca. 1000 Zulieferern europaweit an ODETTE sowie etwa 12 Automobil- und Nutzfahrzeughersteller mit ca. 500 Zulieferern an VDA beteiligt.

2.3.2.2   S.W.I.F.T.

Mit S.W.I.F.T. wurde ein EDI-Regelwerk speziell für das Bankwesen geschaffen: S.W.I.F.T. ist die Abkürzung für „Society for Worldwide Interbank Financial Telecommunication" und ist eine Gesellschaft, die 1973 von europäischen und nordamerikanischen Kreditinstituten gegründet wurde. S.W.I.F.T. soll durch schnelleren Datentransfer zwischen den beteiligten Banken Auslands-zahlungsaufträge und andere Bankgeschäfte, die einem starken Wachstum unterliegen, beschleunigen. Zielgruppe des Standards sind die Banken selbst ohne ihre Kunden. S.W.I.F.T.-Nachrichten existieren nur im Finanzbereich, d.h. die Nachrichtenformate sind branchenbeschränkt. Sie sind in 10 Kategorien wie z. B. Kundenüberweisungen, Bankenüberweisungen oder Dokumenteninkasso eingeteilt, die sich wiederum in mehrere Messagetypen (MT) aufteilen. S.W.I.F.T. ist ein reines Übermittlungssystem und übernimmt keine Clearing-Funktionen.[34]

---

[33]   Vgl. Bösler, Schlieper / Interview / S. 36
[34]   Vgl., auch zur Grafik: Mausberg / Die Abwicklung finanzieller Transaktionen / S. 71/72

Envelope	CRESCHZH80A	⇨ Absendende Bank: SKA, Zürich-Hauptsitz
	100	⇨ Messagetyp (MT 100 = Kundenüberweisung)
	MIDLGBLL	⇨ Empfängerbank: Midland Bank, Großbritannien, London
	:20: 68768	⇨ Durchführungsreferenznummer
Nachrichten-text	:32A: 940605 GBP 8200	⇨ Wertstellung in ISO-Norm: (JJMMTT), Währung, Betrag
	:50: Paolo Bernasconi Guisanstr. 4 8000 Zürich	⇨ Auftraggeber
	:57D: Midland Bank Limited 60 Gracechurch Street London EC3P 3BN	⇨ Bank des Begünstigten
	:59: Charlie Brown 92 Curtain Road London EC2P 2JX	⇨ Begünstigter
	:70: CONTRACT NO C102	⇨ Zahlungsgrund

Abbildung 6 - Beispielhafter Aufbau einer S.W.I.F.T.-Nachricht [35]

2.3.2.3 Weitere

- **EANCOM** ist die Bezeichnung für den internationalen Verband der Artikelnummerierung. Er wurde 1988 von der EAN (European Article Numbering) eingerichtet, um speziell die Bedürfnisse der Konsumgüterindustrie und des Handels auf dem Gebiet des elektronischen Datenaustauschs zu vertreten. Auf der Grundlage der EDIFACT-Syntax wurde hier ein EDIFACT-Subset gebildet, welches sich in erster Linie an die Nutzer des EAN-Codes zur artikelgenauen Datenerfassung richtete.[36]

- **ANSI X.12** ist eine US-Norm, die man als Vorläufer von EDIFACT bezeichnen kann. Der vollständige Name lautet ANSI ASC X.12 (Accredited Standard Committee X.12 for Electronic Business Data Interchange (EBDI) by the ANSI) und bezeichnet einen auf die USA beschränkten branchen- und hardwareunabhängigen Standard für den elektronischen Geschäftsverkehr.

---

[35]   Mausberg / Die Abwicklung finanzieller Transaktionen / S. 71
[36]   Georg / EDIFACT / S. 86

Wie EDIFACT basiert auch ANSI X.12 auf den ISO-Syntax-Regeln. Der Standard findet im nordamerikanischen Raum weite Verbreitung, während er in Europa nur sehr selten benutzt wird. Im Herbst 1993 haben die X.12-User mit überwältigender Mehrheit (ca. 80 %) [37] den Entschluß gefaßt, ANSI X.12 als Standard bis 1997 eigenständig weiterzuentwickeln und ab 1996 sukzessive auf UN/EDIFACT umzustellen.[38]

- **CEFIC** ist der europäische Ausschuß der Verbände der Chemischen Industrie. Die entsprechende deutsche Vereinigung ist der VCI Verband der Chemischen Industrie.

- **EDIFICE** steht für das EDI-Forum der europäischen Elektronik- und Computerindustrie (Computer und Komponenten); hier heißt der deutsche „Ableger" Zentralverband Elektrotechnik- und Elektronikindustrie ZVEI. Sowohl die Chemie- wie auch die Elektronikindustrie vermieden den Fehler, erst noch eigene Branchen-Standards für EDI zu entwickeln (wie z. B. bei EAN mit TRADACOMS oder SEDAS), sondern sie begannen EDI gleich mit EDIFACT.[39]

- **SEDAS** steht für Standardregelungen einheitlicher Datenaustausch-Systeme und betrifft die Konsumgüterindustrie. Beteiligte Wirtschaftszweige sind hier Industrie, Handel, Großmärkte und Warenhäuser. SEDAS wird betreut von der Centrale für Coorganisation CCG und findet bei etwa 120 Unternehmen Verwendung.[40] SEDAS ist nicht EDIFACT-konform (siehe Anmerkung zu EDIFICE) und setzt eine eigene SEDAS-Syntax voraus. Bislang sind nur die Nachrichtentypen Rechnung, Bestellung, Reklamation und Stammdaten verfügbar.[41]

- **EDIBDB** = EDIFACT-Subset Baumärkte
- **EDITEX** = EDIFACT-Subset Textilindustrie
- **EDIFURN** = EDIFACT-Subset Möbelindustrie
- **EDIOFFICE** = EDIFACT-Subset Bürobedarf

---

[37] Köhler / UN/EDIFACT / S. 3
[38] Vgl.: Mausberg / Die Abwicklung finanzieller Transaktionen / S. 74 und o.V. / X12-Edifact Migration Plan / S. 1
[39] Vgl. Bösler, Schlieper / Interview / S. 37
[40] Zur Anwendung von SEDAS und VDA bei der Osram GmbH vgl.: Schweichler / EDI-Realisierung ist längst keine Frage der Technik mehr / S. 27 - 31
[41] Zu SEDAS/EDIFACT vgl.: Hallier / Kommunikationstechnologie zwischen Handel und Industrie / S. 114

2.4   EDIFACT

2.4.1   Entwicklung

Der volle Nutzen von EDI kann sich erst dann entfalten, wenn ein EDI-Anwender nicht nur einzelne, sondern möglichst alle seiner externen Geschäftspartner auf der ganzen Welt elektronisch erreichen kann.[42] Die Mehrzahl der Unternehmen, die über EDI verfügen, nutzen diese Technologie lediglich in etwa 10 % der Geschäftsvorfälle, wobei nur jedes 100. Partnerunternehmen in den elektronischen Datenverkehr einbezogen wird.[43]

Eine Sprache, die nur für eine bestimmte Branche oder nur im Inland Gültigkeit besitzt, ist auf Dauer sinnlos und nicht effizient. Ein international operierendes Unternehmen müßte so mit vielen einzelnen Kommunikationspartnern immer wieder individuelle Absprachen treffen und sein System jedesmal daran anpassen. Bei EDI tritt typischerweise ein Netznutzen auf, d.h. daß ein solches System umso effizienter ist, je mehr Kommunikationspartner dasselbe System nutzen. Bei Branchenlösungen kann aber auch bei maximaler Nutzung nur ein bestimmter Kreis von Partnern erreicht werden. EDI-Branchenlösungen sind zwar schon eine Verbesserung gegenüber einzelnen bilateralen Vereinbarungen, „aber immer noch suboptimal gegenüber der Situation mit einer einheitlichen Weltnorm".[44]

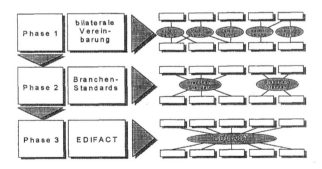

Abbildung 7 - Phasen des elektronischen Datenaustauschs [45]

---

[42]   Jonas / Datenfernübertragung / S. 239
[43]   Hoffmann / Geschäftspartner als Hauptgarant für eine erfolgreiche EDI-Lösung / S. 53
[44]   Georg / EDIFACT / S. 27
[45]   Rühl / Mit EDI in die 90er Jahre / S. 47

Man erkannte, daß es nötig war, einen branchenübergreifenden internationalen Standard[46] zu schaffen. Die Insellösungen mußten verschwinden zugunsten von genormten „Formularvordrucken", die auf der ganzen Welt verstanden werden. Ohne individuelle Absprachen zwischen einzelnen Unternehmen sollte ein elektronischer Austausch von Dokumenten weltweit ermöglicht und damit eine offene Kommunikation, wie sie bspw. beim heutigen Telefonnetz längst realisiert ist, erreicht werden. Eile war geboten, um die fortschreitende Entwicklung der Branchenlösungen zu stoppen und in eine andere Richtung zu lenken.

Schon Mitte der 70er Jahre wurde von der (bereits 1947 von den Vereinten Nationen gegründeten) Wirtschaftskommission für Europa (UN/ECE)[47] eine Arbeitsgruppe eingerichtet, die die Erleichterung von Verfahren im internationalen Handel voranbringen sollte[48]. Ihre Aufgabe bestand darin, den Handelsdatenaustausch zu optimieren. Dazu mußte eine Sprache geschaffen werden, die unabhängig von Hardware und vorhandenen Systemen war.

Bereits 1981 veröffentlichte die UN/ECE einen Vorentwurf der Syntax-Regeln mit der Bezeichnung GTDI (Guidelines for Trade Data Interchange) als Teil 4 des TDID (Trade Data Interchange Directory).

Nach intensiver Überarbeitung starteten 1985 die Vereinten Nationen (UN), die Europäische Gemeinschaft (EG) und die weltweite Normungsorganisation ISO zusammen mit dem ANSI ein Gemeinschaftsprojekt. Sie stellten einheitliche Richtlinien für weltweit genormte elektronische Formulare auf, die heute allgemein als EDIFACT (Electronic Data Interchange For Administration, Commerce and Transport)-Nachrichten[49] (auch einheitliche Nachrichtentypen oder Standard Messages) bezeichnet werden.[50] Sie sind eine Kombination der UN/ECE-Empfehlung GTDI und der Normen des ANSI X.12. Anfang 1994 existierte für die bis dahin genormten Nachrichten eine Einteilung in 12 Sachgruppen, wovon die vierte den Finanzbereich abdeckt.

---

[46] Zur begrifflichen Trennung von Normen und Standards vgl.: Gebauer, Zinnecker / Normen und Standards / S. 18 - 20
[47] Der die Bundesrepublik Deutschland 1956 beitrat; siehe Anhang B.
[48] UN/ECE WP.4: United Nations / Economic Commission for Europa, Working Party 4; detaillierte Beschreibung siehe Anhang B.
[49] Die Bezeichnung EDIFACT wurde im März 1987 von der WP.4 der UN/ECE in Genf verabschiedet.
[50] Anstelle des vollständigen Begriffs UN/EDIFACT (United Nations / Electronic Data Interchange For Administration Commerce and Transport) wird im folgenden das Kürzel EDIFACT verwendet.

EDIFACT ist ein internationaler, branchenunabhängiger Standard für den unternehmensübergreifenden, elektronischen Datenaustausch und hat seinen Niederschlag in den internationalen (UN-Norm, ISO-Norm), den europäischen (CEN-Norm) sowie nationalen Normen gefunden.[51] UN/EDIFACT definiert unter Federführung der Vereinten Nationen (UNO) weltweit gültige Standards, d.h. Syntax (Message-Typen) für den elektronischen Geschäftsverkehr. Diese Nachrichten stellen eine Neuheit in der Geschichte der Normung dar, da sie hard- und softwareneutral sind und somit weltweit von Unternehmen aller Geschäftsbereiche erstellt und verstanden werden können.

Eine EDIFACT-Nachricht wird als Textdatei auf Anwenderebene beschrieben, ist somit übertragungsneutral und kann mit allen Diensten und Netzen, die eine Zeichencodierung zulassen, übertragen werden. Der Standard EDIFACT beinhaltet somit keine Aussagen über das zu verwendende Kommunikationsmedium.

Folgende 6 Prämissen wurden der Normungsarbeit zugrundegelegt:

Die EDIFACT-Norm muß

- herstellerunabhängig
- unabhängig von der Art der Übertragung
- unabhängig von der verwendeten Hardware
- unabhängig von der Betriebssystemsoftware
- unabhängig von der Landessprache und
- branchenunabhängig sein.

„Ziel von EDIFACT ist die Substitution des Papieraufkommens bei geschäftlichen Transaktionen durch standardisierte elektronische Geschäftsnachrichten."[52] Durch die gesamte Logistikkette hindurch können hiermit Geschäftsnachrichten ausgetauscht (siehe Abbildung 3) und auch Kontakte zu Verwaltungsbehörden, Zollbehörden oder Finanzdienstleistern hergestellt werden.

---

[51] Vgl. Mausberg / Die Abwicklung finanzieller Transaktionen ... / S. 75
[52] Georg / EDIFACT / S. 9

Zu den ersten Anwendern von EDIFACT gehören die Deutsche Expert-Zentrale GmbH (Elektrobranche; Start 1988), der Literatur-Einkauf der Stadt- und Universitäts-Bibliothek in Frankfurt/Main (Start 1989) sowie die deutsche Papierindustrie (Start 1989). Es folgten CIBA-Geigy (Chemie; Start 1989), die Telekom (Start 1989 mit Großkunden, z. B. DATEV) und die NCR GmbH (Start 1990 mit ausgewählten Geschäftspartnern).[53]

Gerade im Hinblick auf den europäischen Binnenmarkt erlangt EDIFACT große Bedeutung. Will ein Unternehmen wettbewerbsfähig bleiben, so muß es auf dem gesamten europäischen Markt (mit immerhin über 320 Mio. Einwohnern) Geschäftsbeziehungen aufbauen und pflegen. Hier kommt der ungeheure Vorteil der sprachunabhängigen EDIFACT-Technologie voll zum Tragen: Ein Unternehmer kann per EDIFACT ohne Beachtung der bestehenden Sprachunterschiede und der nationalen Sonderheiten alle Geschäftspartner erreichen und sich verständigen, ohne daß er viele Fremdsprachen lernen oder unzählige Dolmetscher beschäftigen muß.

Mit EDIFACT verbinden sich gerade für kleinere Unternehmen Wettbewerbsvorteile und Unternehmenssicherung mit reduzierten Kosten und vereinfachten Geschäfts-abläufen. Aus diesem Grund werden die Weiterentwicklung und die größere Verbreitung von EDIFACT in der Wirtschaft von der EG intensiv unterstützt. So sind auch die Anwendervereinigungen bisheriger Branchen- bzw. Insellösungen bestrebt, sich diesem neuen Standard anzupassen und ihre Anwendungen EDIFACT-konform zu machen.[54] Der umfassende Ansatz von EDIFACT bewirkt dabei, daß ein Großteil der damit arbeitenden Unternehmen mit EDIFACT als einzigem Standard auskommt, während andere Standards - insbesondere VDA und ODETTE - meist als Kombination gemeinsam genutzt werden.[55]

Um diese Formulare entwickeln zu können, brauchte man eine völlig neue Sprache, die überall verstanden werden konnte und zudem in jeder Branche einsetzbar sein sollte. Diese EDIFACT-Sprache besteht wie alle Sprachen aus einem Wortschatz (hier: Satz von Datenelementen) und einem Regelwerk, der Grammatik (Syntax).[56] Erst die Grammatikregeln erlauben es, Wörter zu sinnvollen Sätzen bzw. Daten-elemente zu Segmenten und diese zu kompletten Nachrichten zu verknüpfen.[57]

---

[53]   Beispiele aus: Dirlewanger / EDIFACT, der Schlüssel / S. 39
[54]   Schmid / Kommunikationsmodelle / S. 149
[55]   Vgl. hierzu: ESG / Spielwiese oder Basis für den Erfolg / S. 69
[56]   Die EDIFACT-Syntax-Regeln wurden im September 1987 als internationale Norm übernommen und am 15. Juli 1988 als ISO-Norm 9735 veröffentlicht.
[57]   Jonas / Datenfernübertragung / S. 245

2.4.2   Inhalt und Aufbau der Nachrichten

2.4.2.1   *Elemente und Segmente*

Jede EDIFACT-Nachricht hat, wie die natürliche Sprache auch, eine genau definierte Struktur.[58] Die auszutauschende Information muß hinsichtlich Syntax und Semantik (zur Erklärung vgl. Kapitel 2.2.2) genau definiert sein. Nur so kann man aufgrund der Anordnung und der Reihenfolge der einzelnen Elemente die Bedeutung festlegen und das Verstehen der Nachricht unabhängig von Landessprachen möglich machen. Die detaillierte Beschreibung der einzelnen Segmente verweist an einigen Stellen auf das Beispiel im folgenden Kapitel (siehe 2.4.2.2), das im Anschluß vollständig dargestellt wird.

Die folgende Grafik zeigt die Hierarchie einer EDIFACT-Nachricht:

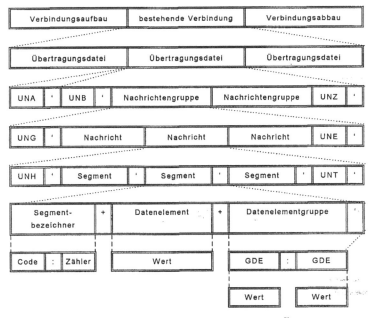

Abbildung 8 - Vollständige EDIFACT-Übertragungsdatei [59]

---

[58]   Vgl.: Handwerg / EDIFACT / S. 46 - 51
[59]   In Anlehnung an: Daniels / EDIFACT / S. 297

Die Elemente einer Nachricht sind hierarchisch geordnet. Die unterste Ebene und kleinste Einheit bilden die Datenelemente[60] (auch Datenfelder), die deshalb auch als unteilbar gelten. Das UN/TDED (United Nations/Trade Data Elements Directory) faßt alle Datenelemente zusammen und definiert sie als: „A unit of data for which the identification, description and value representation have been specified."

Das UN/TDED beinhaltet ca. 850 Datenelemente, wovon über 200 eigentliche UN/EDIFACT-Datenelemente sind und das Unterverzeichnis EDED bilden. Dieses Verzeichnis definiert alle Datenelemente genau mit Namen, einer Nummer (tag), einer kurzen Beschreibung, dem Wertebereich, der alphanumerischen Darstellung seines Wertes und eventuell Bemerkungen, Referenzen und Verweisen. Der Wertebereich eines Datenelements kann entweder offen (frei) oder geschlossen sein. Ein Beispiel für den ersteren Fall ist das Datenelement „3036 Party name" [61] (bspw. der Name des Lieferanten). Hier sind alle Einträge möglich, da auch alle Namen möglich sind. Ein Beispiel für den zweiten Fall ist das Datenelement „4439 Payment conditions, coded". Hier existiert ein abgeschlossener Wertebereich, der genau spezifizierte Codes enthält.[62] Alle Codes sind in der UN/EDIFACT Code List (EDCL) festgehalten.

Werden mehrere sachlich und logisch zusammenhängende Datenelemente zusammengefaßt, spricht man von einer Datenelementgruppe (composite data element) und die einzelnen Datenelemente heißen dann Gruppendatenelemente (component data elements). Alle Datenelementgruppen sind im Verzeichnis EDCD festgehalten und beschrieben. Ein Beispiel für eine Datenelementgruppe ist „C198 PRODUCT IDENTIFICATION", denn sie besteht aus den beiden Gruppendatenelementen „7020 Article number" und „7023 Article number identifier".

Die nächsthöhere Ebene bilden die Segmente. Sie bestehen aus inhaltlich bzw. funktionell zusammengehörenden Datenelementgruppen bzw. Datenelementen (die auch mehrfach auftreten können). Das erste Datenelement ist jeweils der Segmentbezeichner (TAG), der grds. aus 3 Buchstaben besteht und den Aufbau und die Art der enthaltenen Information innerhalb eines Segments festlegt.

---

[60] Ortner definiert Datenelemente als die kleinsten organisatorischen Einheiten zur Strukturierung von Informationen; aus: Ortner, Rössner, Söllner / Entwicklung und Verwaltung standardisierter Datenelemente
[61] Dieses und folgende Datenelementbeispiele aus: Schmid / Kommunikationsmodelle / S. 150 ff
[62] Der Code „01" bedeutet beispielsweise „Direct payment".

Das Segment „NAME AND ADDRESS" (Segmentbezeichnercode „NAD") besteht zum Beispiel aus 10 Datenelementen bzw. -gruppen, die alle zusammen Name, Adresse und Funktion des Erstellers beschreiben. Im Beispiel lautet dieses Segment:

Die einzelnen Elemente können aufgrund ihrer Position und der festen Reihenfolge, in der sie in einer Nachricht erscheinen, den Bedeutungen zugeordnet werden und haben entweder den Status „Mandatory (M)" (Muss) oder „Conditional (C)" (Kann). Alle Segmente sind im UN/EDIFACT Standard Segments Directory (EDSD) erfaßt.

Auf der letzten Ebene schließlich stehen die Segmentgruppen, die aus einer Folge von Segmenten (oder Segmentgruppen) bestehen, wobei jedes Segment wieder mehrfach vorkommen kann und wieder den Status „Mandatory" oder „Conditional" haben kann.

Jede EDIFACT-Nachricht ist eine Folge von Segmenten in einer spezifizierten Reihenfolge. Sie fängt mit einem Kopfsegment (Header) an, das den Code „UNH" trägt und den jeweiligen Nachrichtentyp indentifiziert. Im Beispiel lautet das Kopfsegment:

Sie schließt mit dem Endsegment (Trailer) ab, das mit dem Code „UNT" bezeichnet ist und zur Kontrolle dient:

Das Endsegment gibt die Anzahl der Segmente dieser Nachricht an; die Zahl von 16 Segmenten läßt sich anhand der zeilenweisen Darstellung leicht abzählen. Nachrichten[63], die den internationalen Bedürfnissen gerecht werden und von der UN/ECE-Arbeitsgruppe definiert wurden, werden mit „United Nations Standard Messages - UNSM" bezeichnet. Mehrere Nachrichten des gleichen Typs (z. B. „Invoice" = Rechnung) können in einer Nachrichtengruppe (Functional Group) mit Header „UNG" und Trailer „UNE" zusammengefaßt werden.

Mehrere Nachrichten oder Nachrichtengruppen bilden eine Übertragungsdatei [64], die gewöhnlich das Kopfsegment (Interchange Header) „UNB" und das Endsegment (Interchange Trailer) „UNZ" erhält. Sie ist von einem Nutzdatenrahmen umgeben (siehe Anhang 1), der die Reihenfolge der einzelnen Elemente festlegt bzw. die verschiedenen Abstraktionslevel definiert[65] und ein Bestandteil der Datei ist. So kann ein Absender mehrere Nachrichten geschlossen an einen Empfänger oder über ein Clearing Center auch an mehrere Empfänger (und umgekehrt von vielen Absendern an einen Empfänger) schicken.

2.4.2.2   Trennzeichensyntax

Die UN/EDIFACT-Syntaxregeln (Trennzeichensyntax) definieren die Struktur von Daten in Segmenten, von Segmenten in Nachrichten und von Nachrichten für den Datenaustausch. Nur durch einen solchen hierarchischen Aufbau, durch Reihenfolge- und Kennzeichendefinition und genau festgelegte Trennzeichen ist das Erkennen und Verarbeiten der Informationen möglich. Grundsätzlich können im Kopfsegment verschiedene Trennzeichen vereinbart werden, im folgenden werden jedoch diejenigen aufgeführt, die in den meisten Fällen verwendet werden:

- Elemente einer Datenelementgruppe werden durch „:" (Doppelpunkt),
- Elemente eines Segmentes werden durch „+" (Plus),
- Elemente einer Segmentgruppe werden durch „'„ (Apostroph) abgegrenzt.
- Erscheint das jeweilige Trennzeichen selbst in einem Datenfeld, so muß das Rückstellzeichen „?" (Fragezeichen) davor erscheinen. Bsp.: 7?+3=10 heißt also 7+3=10.

---

[63] Nach ISO-Norm 2382/16 ist eine Nachricht „eine geordnete Folge von Zeichen, die vorgesehen ist, um eine Information aufzunehmen".
[64] Eine Übertragungsdatei (Interchange) kann ebenso nur aus einer Nachricht bestehen; die Segmente UNG und UNE fallen dann weg.
[65] Rösch / EDIFACT / S. 25

2.4.2.3   Darstellungsbeispiel

Die beschriebenen Segmente lassen sich anschaulich am Beispiel der elektronischen Fernmelderechnung ELFE beschreiben.

Das übliche Papierdokument der Fernmelderechnung kennt wohl jeder von uns. Wird eine solche jedoch elektronisch als ELFE übertragen, sieht sie so aus:

```
UNH+ELFE051000+INVOIC:2:::ELFE'                                    (Kopfsegment)
BGM+380+0.1264500029+900228'                             (Beginn der Nachricht)
RFF+VI+031:64500029/9002'                                   (Referenzangaben)
NAD+SE+++FA 2 ORTSANGABEFA 50+50 20 20+ORTSANGABE 50++7000'  (Name, Anschr.)
CTA+AD++071211234-5678:TE'                           (Kommunikationspartner)
NAD+BY++MARY POPPINS:21000 LONDON SOUTH-WEST'        (Name und Anschrift)
FII+BY+0116743705+60010070                              (Bankverbindung)
UNS+D'                                        (Abschnitts-Kontrollsegment)
LIN+1++KD:VI+10:VI++++120'                                 (Positionsdaten)
LIN+2++KD:VI+50:VI++++484.28'                              (Positionsdaten)
FTX+LIN+1+-Verbindungsgebühren bis 15.12.88'                  (Freier Text)
LIN+3++KD:VI+50:VI++++15'                                  (Positionsdaten)
FTX+LIN+1+-Auslandsverbindungsgebühren'                       (Freier Text)
UNS+S'                                        (Abschnitts-Kontrollsegment)
TMA+619.28'                                       (Endsumme der Nachricht)
UNT+16+ELFE0451000'                                           (Endsegment)
```

Abbildung 9 - Nach Segmenten geordnete Darstellung von ELFE

Die oben beschriebenen Segmente können leicht erkannt werden, da in dieser Darstellung jede Zeile einem Segment entspricht. Übertragen wird die eigentliche ELFE-Nachricht jedoch als Endlosstring.

```
UNH+ELFE04 1000+INVOIC:2:::ELFE'BGM+380+031264500029+900228'RFF+VI
+031264500 29/9002'NAD+SE+++FA 2 ORTSANGABEFA 50+50 20
20+ORTSANGABE 50++7000'CTA+AD++071211234-5678:TE'NAD+BY++ MARY
POPPINS:21000 LONDON SOUTH-WEST'FII+BY+0116743705+ 60010070
UNS+D'LIN+1++KD:VI+10:VI++++120'LIN+2++KD:VI+50:
VI++++484.28'FTX+LIN+1++Verbindungsgebühren bis 15.12.88'LIN+3++
KD:VI+50:VI++++15'FTX+LIN+1++Auslandsverbindungsgebühren'UNS+S'
TMA+619.28'UNT+16+ELFE0451000'
```

Abbildung 10 - ELFE als Endlosstring

2.4.2.4   Zusammenfassung

Im folgenden werden noch einmal alle Verzeichnisse, die der EDIFACT-Standard umfaßt, mit ihrem Inhalt angegeben:

- **EDIFACT Syntax Rules** (ISO 9735) = die „Grammatikregeln"
- **UNTDED** (ISO 7372) = enthält alle Datenelemente des elektronischen Datenaustauschs
- dessen Teilmenge **EDED** = enthält nur die EDIFACT-Datenelemente
- **EDCD** = enthält alle Datenelementgruppen
- **EDSD** = enthält alle Segmente
- **EDMD** = Directory of UNSMs = enthält alle kompletten Standard-Nachrichten (zum gegenwärtigen Stand der Normung siehe Anhang 3)
- **EDCL** = enthält alle Codes

EDIFACT ist eine Sprache, die aufgrund der großen „Formalisierungs- bzw. Standardisierungsleistung" [66] auf ca. 850 Datenelemente des Trade Data Element Directory (UNTDED) und die dazugehörigen Codes (EDCL) zurückgreifen kann. Sicher müssen noch mehr Nachrichten entwickelt werden, um den vollständigen Kommunikationsbedarf im elektronischen Datenaustausch decken zu können, jedoch ist EDIFACT schon jetzt aufgrund der großen Zahl genormter Elemente zukunftsweisend und vielversprechend auf dem Gebiet der elektronischen Märkte.

Der skizzierte Nutzen von EDIFACT kommt jedoch nur dann voll zur Geltung, wenn sich alle potentiellen Wirtschaftssubjekte anschließen: Je mehr Anwender, umso größer der Nutzen. Zudem haben ein früher Wildwuchs der Standardisierungs-bemühungen, divergierende Interessen sowie eine relativ spät beginnende Förderung eines umfassenden Standardisierungskonzepts dazu geführt, daß sich die branchenunabhängig und weltweit konzipierte EDIFACT-Norm noch nicht auf breiter Ebene durchgesetzt hat und sich nationale oder branchenbezogene Standards bei der jeweiligen Klientel frühzeitig etablieren konnten. [67] Deshalb bezweifeln viele Unternehmen heute noch, daß EDI/EDIFACT ein breites Publikum finden wird. Sie befürchten, daß die Technik evtl. noch nicht ausgereift ist, „Kinderkrankheiten" noch nicht auskuriert sind oder sich der Standard noch öfter ändern wird.

---

[66]   Schmid / Kommunikationsmodelle / S. 155
[67]   Georg / EDIFACT / S. 30

2.4.3   Anforderungen für die Verwendung von
EDI/EDIFACT

Die große Leistung der beteiligten Normungsorganisationen liegt gerade darin, daß sie mit EDIFACT eine hard- und softwareneutrale Sprache geschaffen haben. Einzige Voraussetzung ist ein PC-System, eine EDI-Software sowie der Anschluß an ein Netz. Die EDI-Software besteht aus Programmen für Datenübertragung, Konvertierung und Nachbearbeitung. Von welchem Hersteller der PC und von welchem Anbieter Software und Netzdienste sind, spielt keine Rolle.

Außerdem ist EDIFACT auch bezüglich der verwendeten DFÜ-Protokolle und Übertragungsmedien völlig frei. In der Praxis wird neben FTAM überwiegend X.400 eingesetzt.

Neben den technischen Anforderungen müssen in der Praxis vor allem organisatorische und finanzielle Voraussetzungen erfüllt sein, die oft genug Grund für eine abneigende Haltung vieler Unternehmen sind. Oft hört man Argumente wie „Das ist nur was für die Großen !", „Wir haben keinen, der sich damit auskennt !" oder „Das ist viel zu teuer für uns !", wenn es um Voraussetzungen für einen effizienten Einsatz von EDI geht. EDI ist jedoch für Unternehmen jeder Größe geeignet und kann mit individuellen Lösungen (Umfang der Hard- und Software, Inanspruchnahme externer Dienste und Beratungen etc.) an jedes Unternehmen angepaßt werden.

Eine einfache Kosten-Nutzen-Rechnung kann die Entscheidung für oder gegen EDI erleichtern, wobei der Kostenvorteil nach Abzug der Anfangskosten wiederum von der Zahl der Kommunikationspartner und der Anzahl der Übertragungen (was wiederum mit der Größe des Unternehmens zusammenhängt) abhängt.

2.5   Normierung

Um die Theorie der EDIFACT-Norm erklären zu können, wird im folgenden das OSI-Referenzmodell erläutert, in das EDIFACT eingeordnet ist. Speziell die Schicht 7 hat hier besondere Bedeutung, da hier die EDIFACT-Norm integriert ist.

2.5.1   Das ISO/OSI-Referenzmodell

2.5.1.1   Grundlagen

Der Anspruch von EDIFACT liegt darin, eine offene Kommunikation zu ermöglichen. Das bedeutet, daß im Gegensatz zu bisher existierenden Anwendungen individuelle Absprachen zwischen den Partnern nicht mehr erforderlich sind.

Bestimmte Vorschriften und Absprachen werden bereits durch das verwendete System bzw. den Nachrichtenübermittlungsdienst festgelegt. Bei EDIFACT legen bspw. die Service-Elemente alle für die Weiterverarbeitung notwendigen Details fest. Um eine Nachricht austauschen zu können, muß sie zunächst in eine übertragbare Form gebracht werden. Bei Nutzung eines Netzes wird diese Form durch die Vorschriften des Anbieters im Rahmen der Empfehlungen des CCITT (Comité Consultatif International Télégraphique et Téléphonique) vorgegeben oder ist bereits durch die Technik festgelegt.[68]

Damit also bei Nutzung eines Netzes jeder Teilnehmer die Nachrichten auch so empfangen kann, wie sie gesendet wurden, ist eine einheitliche Übertragungsform notwendig. Im Fall von EDIFACT muß jeder Teilnehmer alle in einer Nachricht möglichen Nachrichtentypen, Segmente und Datenelemente kennen und weiterverarbeiten können. Er muß diese Daten also aus der „übertragungsgerechten Form verarbeitungsgerecht umsetzen".[69] Diese übertragungsgerechte Form und die Übertragungsprotokollvorschriften sind in offenen Netzen im Rahmen des OSI (Open System Interconnection)-Referenzmodells (DIN ISO 7498) genormt. OSI ist ein weltweiter Standard, der die physikalischen, hard- und softwaretechnischen Voraussetzungen für die allgemeine Kommunikation heterogener Systeme regelt.[70]

---

[68]   Z. B. Nutzung des Telefonnetzes für Datenübertragung mittels Akustikkoppler.
[69]   Handwerg / Telekommunikationsdienste / S. 17
[70]   Papsdorf / EDIFACT / S. 195

Das OSI Referenzmodell wurde 1984 veröffentlicht und beschreibt in 7 logischen Schichten die für eine offene Kommunikation benötigten Funktionen und wie sie aufeinander aufbauen. In diesem Modell sind alle Protokolle und Schnittstellenbedingungen dafür enthalten.

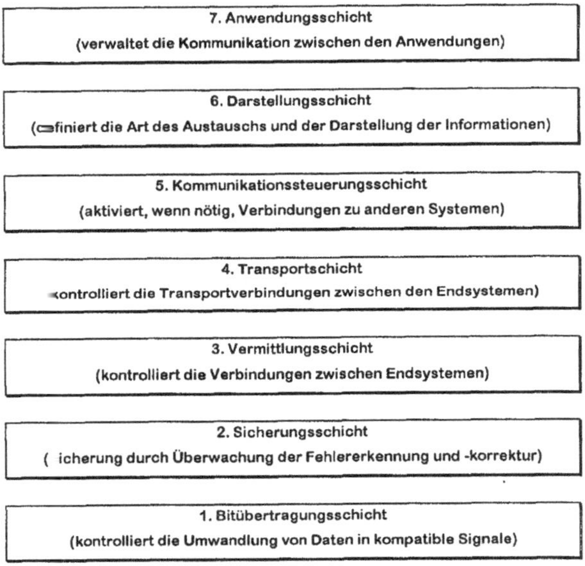

```
7. Anwendungsschicht
(verwaltet die Kommunikation zwischen den Anwendungen)

6. Darstellungsschicht
(definiert die Art des Austauschs und der Darstellung der Informationen)

5. Kommunikationssteuerungsschicht
(aktiviert, wenn nötig, Verbindungen zu anderen Systemen)

4. Transportschicht
(kontrolliert die Transportverbindungen zwischen den Endsystemen)

3. Vermittlungsschicht
(kontrolliert die Verbindungen zwischen Endsystemen)

2. Sicherungsschicht
(Sicherung durch Überwachung der Fehlererkennung und -korrektur)

1. Bitübertragungsschicht
(kontrolliert die Umwandlung von Daten in kompatible Signale)
```

Abbildung 11 - OSI-Referenzmodell [71]

Das OSI-Referenzmodell[72]

⇒ definiert die Komponenten der Datenkommunikation

⇒ setzt diese in Beziehung zueinander

⇒ ermöglicht die Einordnung bestehender Normen und deren ggf. notwendige Verbesserung

⇒ stellt die Basis für die Entwicklung neuer Normen bereit und

⇒ hält diese Normen widerspruchsfrei.

---

[71] In Anlehnung an: Georg / EDIFACT / S. 58 f.
[72] Nach: Steiniger / Das OSI-Referenzmodell / 19.

Das OSI-Referenzmodell ist horizontal nach Funktionen aufgeteilt: Die Schichten 1 bis 4 stellen Transportdienste, die Schichten 5 bis 7 dagegen Anwendungsdienste dar. Jede Schicht nutzt die Dienste und Fähigkeiten der nächstunteren Schicht und stellt wiederum ihre Dienste der nächsthöheren Schicht zur Verfügung. So erhält das Modell einen modularen Aufbau, der dazu dient, „die komplexe Aufgabe der Kommunikation in schichtenspezifische Teilaufgaben von reduzierter Komplexität"[73] zu zerlegen. Die einzelnen Schichten können beliebig erweitert und verbessert werden, ohne das Gesamtmodell zu beeinträchtigen.

Um die Kompatibilität der Endeinrichtungen zu gewährleisten, können für den elektronischen Datenaustausch entweder jeweils einzelne bilaterale Absprachen getroffen werden, in denen man sich auf ein bestimmtes Netz mit gleichen Schnittstellen und gleichen Übertragungsprotokollen einigt, oder man verwendet ein Netz mit genormten Schnittstellen und Übertragungsprotokollen (entsprechend dem OSI-RM) und erreicht damit eine offene Kommunikation.

2.5.1.2   Die Anwendungsschicht

Für EDIFACT ist besonders die 7. Schicht, die Anwendungsschicht[74], von Bedeutung. Sie stellt aus den Protokollen der 7 Schichten die Verbindung zwischen dem Anwendungsprozeß und dem Kommunikationssystem her, um eine Kommunikation über Distanzen zu ermöglichen. Dabei wird darüber diskutiert, ob EDIFACT noch zu dieser Anwendungsschicht gehört oder, wie andere meinen, als Anwendung oberhalb der 7. Schicht eingestuft werden muß. Die Anwendungsschicht besteht aus Service Elements, Anwendungsdiensten und Datenaustauschformaten:

Service Elements	Anwendungsdienste	Datenaustauschformate
ACSE (Association Control Service	X.400 (Electronic Mail)	EDIFACT
Element)	FTAM (File Transfer,	ODA (Office Document
ROSE (Remote Operations Service	Access, Management)	Architecture)
Element)	VTP (Virtual Terminal)	ODIF (Office Document
RTSE (Reliable Transfer Service	TP (Transaction	Interchange Format)[75]
Element)	Processing)	
CCR (Commitment, Concurrency and	X.500 (Directory System)	
Recovery)		

Abbildung 12 - Elemente der Schicht 7 [76]

---

[73]   Georg / EDIFACT / S. 60
[74]   Vgl. auch: Bever / ISO-OSI-Anwendungsschicht / S. 163 f
[75]   Vgl.: Fanderl, Fischer / ODA/ODIF / S. 296 - 298 sowie Krönert / ODA/ODIF-Basisnorm / S. 144 - 149

Während Anwendungsdienste den Austausch von Informationen zwischen Beteiligten ermöglichen, ordnen die Datenaustauschformate den Daten eine bestimmte Struktur und ein Format zu.

Derzeit werden für den Austausch von EDIFACT-Nachrichten in erster Linie die OSI-Protokolle FTAM und X.400 verwendet. Während das File-Transfer-Protokoll FTAM eine Punkt-zu-Punkt-Verbindung zwischen Sender und Empfänger voraussetzt, arbeitet das Message-Handling-System X.400, das in seiner Funktionalität der „Gelben Post" nachempfunden wurde, asynchron nach der Store-and-forward-Methode.[77]

Der Vorteil von X.400 für EDI/EDIFACT liegt darin, daß für die Übertragung evtl. schon bestehende Mail-Systeme genutzt werden können und im allgemeinen das Versenden einer Nachricht unabhängig von der Verfügbarkeit des Empfängers ist. Außerdem läßt X.400 unterschiedliche Anbindungsvarianten wie z. B. Einbeziehung von Carrier oder Direktverbindungen zu.

2.5.2   Gegenwärtiger Stand der Normierung

Immer mehr Dokumente werden in die EDIFACT-Norm integriert. Der zur Zeit gültige Stand der Normierung ist in Anhang 3 aufgeführt.

2.6   Anwendungsmöglichkeiten und Einsatzgebiete

2.6.1   Allgemeines System

Die folgende Grafik soll anschaulich die Einsatzmöglichkeiten von EDI/EDIFACT dokumentieren. Sie basiert auf der Wertschöpfungskette von Porter[78] und bezieht sich auf einen mittelständischen Industriebetrieb. Zu jeder Unternehmensaktivität sind hier die Möglichkeiten aufgezeigt, sie mit Hilfe von EDI zu unterstützen. Es wird deutlich, daß fast jede Abteilung eines Unternehmens mit EDI effektiver arbeiten kann.

---

[76]   Georg / EDIFACT / S. 61
[77]   Rauch / EDIFACT bei der Dresdner Bank / S. 5
[78]   Vgl. hierzu Porter / Wettbewerbsvorteile / S. 59 ff.

Unternehmensinfrastruktur Finanzbuchhaltung		Elektronische Abgabe von Steuermeldungen Elektronischer Austausch von Lieferanten-/Kundenrechnungen; Empfang u. Versand von Zahlungsanweisungen		
Personalwesen		Elektronische Weitergabe von Gehaltszahlen und Sozialabgaben		
Forschung & Entwicklung		Elektronische Übermittlung von Konstruktionsdaten Elektronische Übermittlung von Entwicklungsrichtlinien		
Beschaffung		Elektronische Bestellungen oder Preisanfragen Qualitätskontrolle beim Lieferanten		
Beschaffungs logistik	Produktion	Marketing/ Vertrieb	Vertriebs- logistik	Kunden- service
Lagerverwaltung Materialbestände für Lieferanten Speditionsaufträge Elektronische Verfolgung der Lieferspediteure Lieferanteninforma- tionssystem Zollerklärungen	Daten zum Produktions- fortschritt für Lieferanten und Kunden Just-in-time- Aufträge	Kundeninformations system, Bestell- datenaustausch mit Kunden Versand von Preis-/ Produktinformation oder Angeboten Abverkaufszahlen- austausch mit Abnehmern	Elektronische Verbindung zu Speditionsbetrieben Elektronische Verbindung zu Zollbehörden	Fremddiagnose und Fernwartungs- systeme

Abbildung 13 - Einsatzmöglichkeiten von EDI [79]

In Abbildung 13 erkennt man, daß sich die meisten möglichen EDI-Anwendungen auf die Auftragsabwicklung beziehen. Gerade auf diesem Gebiet benötigt ein Unternehmen viele Verbindungen zu externen Geschäftspartnern und eine umfangreiche Kommunikation. EDI ist hier deshalb so gut geeignet, weil gerade in der Auftragsabwicklung immer wieder dieselben Vorgänge stattfinden, die Daten und Dokumente sich wenig unterscheiden und sich ständig wiederholen. Mit EDI können diese Standarddokumente schneller und rationeller übermittelt werden.

Auch Computer Integrated Manufacturing (CIM), Time-Based-Management[80], Just-in-time und unternehmensübergreifende Schnittstellen im Rahmen der Lean Production sind insbesondere in Verbindung mit EDI erfolgsversprechende Konzepte für die Unternehmen.[81]

Bei einer empirischen Untersuchung in der Automobil- und Transportbranche kristallisierten sich im Ergebnis vor allem folgende Einsatzgebiete von EDI heraus:

---

[79]   Quellen: Georg / EDIFACT / S. 8 und Güc / EDI als Wettbewerbsfaktor / S. 89
[80]   Bürger / Schaffung von Wettbewerbsvorteilen / S. 51
[81]   Ong / EDI und EDIFACT / S. 9

Einsatzgebiet	Prozent der befragten Unternehmen
Kommerzieller Bereich / Handel	88 %
Austausch von Entwicklungsdaten	23 %
Elektronischer Kapitaltransfer	34 %
Austausch unstrukturierter Daten	14 %
Austausch von Steuer- und Zollerklärungen	11 %
Austausch personenbezogener Daten	6 %
Bestellungen / Flugreservierungen	2 %

Abbildung 14 - EDI-Einsatzgebiete [82]

In der weiteren Entwicklung sollen mit EDI neben den Kunden und Lieferanten[83] auch alle anderen am Geschäftsleben beteiligten Partner wie zum Beispiel Dienstleister[84], Spediteure, Banken, Versicherungen oder Zollbehörden angebunden werden. Die folgende Grafik zeigt, nach Branchen geordnet, in welchem Umfang EDI derzeit in den verschiedenen Bereichen eingesetzt wird.

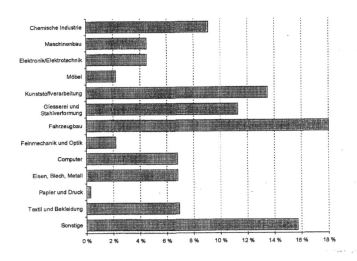

Abbildung 15 - EDI-Einsatz in den verschiedenen Branchen [85]

[82]   Nach: Jaros-Sturhahn, Neuburger / EDI und Internet / S. 28
[83]   Vgl. zu verschiedenen Lieferantengruppen auch: CCG / EDI / S. 32 - 40
[84]   Zum EDIFACT-Einsatz im Factoring-Gewerbe vgl.: Bolzoni / EDIFACToring / S. 104 - 106
[85]   Heiner / Elektronischer Datenaustausch (EDI) wird boomen / S. 80

2.6.2   Just-in-time-Produktion

Besonders bei der Just-in-time-Produktion ist die Anwendung von EDI/EDIFACT sehr vorteilhaft. Unter Just-in-time (JIT) wird die sequenzgerechte Beschaffung von Materialien verstanden, die auf direktem Wege am Verbaupunkt bereitgestellt werden[86]. Die Fertigungstiefe wird reduziert und Lagerkosten fallen weg. Zwar kann man JIT auch mit langfristig festgelegten Lieferzeiten ohne die schnelle elektronische Übertragung realisieren, bei kurzfristigen Planungshorizonten allerdings ist man auf diese Informationsübermittlung ohne Zeitverzögerung angewiesen.

Die durch EDI erreichbare Flexibilität und verkürzte Reaktion auf Nachfrageänderungen ist besonders in der Automobilindustrie von größter Wichtigkeit. Es wird gefolgert, daß besonders bei der Umsetzung neuer Logistikkonzepte der größte Nutzen aus EDI zu ziehen ist.

Mit diesem Ziel hat bspw. VW seine gesamte Logistik auf EDI umgestellt, um so dem Ziel näher zu kommen, eine durchgängige EDI-Lösung mit Einbindung aller externen und internen Partner zu erhalten und die Reduzierung der Handhabungs- und Bevorratungskosten für den gesamten Prozeß (Fertigung, Lagerung, Transport) auf beiden Seiten zu erreichen. Die Lieferanten müssen alle benötigten Daten des geplanten und physischen Materialflusses direkt erhalten, damit sie die Teile Just-in-time produzieren und anliefern können. Die Lieferanten sollen verstärkt in den Entwicklungsprozeß der Produkte miteinbezogen werden und eigene Komponentenverantwortlichkeit übernehmen, was jedoch nur mit EDI möglich ist.[87]

Als Basis für JIT dienen die ODETTE- und EDIFACT-Standards. Mit Hilfe von Datex-P und Datex-L, die für JIT-Projekte als Standleitung geschaltet sind, erfolgt eine direkte Informationsanbindung aller beteiligten Partner. Nachdem bei VW anfangs zeitliche Verzögerungen aufgrund von nicht vorhandenen DFÜ-Kapazitäten auftraten, gibt es inzwischen weder mit dem Ablauf noch mit den Standleitungen irgendwelche Probleme.

---

[86]   Georg / EDIFACT / S. 41
[87]   Vgl.: Rude, Leberkühne, Oer / Just-in-time-Produktion / S. 36

2.6.3   Beispiel: ELFE

Ein Beispiel für die erfolgreiche Anwendung von EDIFACT ist die elektronische Fernmelderechnung ELFE [88], deren Darstellung als EDIFACT-Nachricht bereits in Kapitel 2.4.2.3 erläutert wurde. Wenn man bedenkt, daß die Telekom monatlich 30 Mio. Fernmelderechnungen verschickt, die aufeinandergestapelt einen Briefstapel von ca. 32 km Höhe ergeben, so läßt sich der dafür notwendige personelle und technische Aufwand erahnen. 5000 Personen sind in der Rechnungserstellung der Telekom beschäftigt, die Portokosten betragen jährlich 360 Millionen Mark und der Papierverbrauch beläuft sich auf jährlich 2250 Tonnen[89]. Auch die Kunden müssen die Rechnung bearbeiten und prüfen, was wieder sehr fehleranfällig ist.

Bei der elektronischen Übermittlung fallen diese Eingabefehler weg, da die Daten, die bei der Telekom ja ohnehin in elektronischer Form vorliegen, direkt in den PC des Kunden[90] geschleust werden. Die Programmierung der automatischen Rechnungsbearbeitung ist leicht möglich, da Inhalt und Struktur der Rechnung auf Jahre im voraus bekannt sind und zudem auf dem Markt inzwischen mehrere Komplettlösungen zur Bearbeitung der Fernmelderechnung angeboten werden. Da ELFE ein Subset der EDIFACT-Rechnung ist, erfordert sie jedoch einen PC, der die EDIFACT-Sprache versteht oder einen EDIFACT-Konverter besitzt.

Die Vorteile von ELFE liegen auf der Hand:

- Zeit- und Kostenreduzierung (als Richtwert nennen die meisten ELFE-Anwender eine Ersparnis zwischen 5 und 15 DM pro Fernmelderechnung[91])
- Erhebliche Vereinfachung des Vorsteuerabzugs durch Sammelabrechnung
- Rationalisierung der Stammdatenpflege und des Kontoabgleichs durch elektronische Übermittlung der „Erläuterungen zur Fernmelderechnung"
- Möglichkeit der zusätzlichen Nutzung des für ELFE angeschafften Systems für andere EDI-Anwendungen (meist bedeutet ELFE nur den Einstieg in EDI)

ELFE wird inzwischen auch in anderen europäischen Ländern von den dortigen PTTs angeboten, allerdings unter anderen Namen wie z. B. FREDI oder ELISE.

---

[88]   Vgl.: Jonas / Die elektronische Fernmelderechnung / S. 35 - 40
[89]   Jonas / Datenfernübertragung / S. 261
[90]   ELFE ist allerdings nur bei Kunden möglich, die ihre Rechnungsbeträge per Lastschrift bezahlen und mehr als 100 Fernmelderechnungen im Monat erhalten.
[91]   Mehnen / ELFE optimiert Gebühreninkasso / S. 49

3   DIE SEITE DER BANKEN UND VERSICHERUNGEN

3.1   *Einführung*

Wie schon erwähnt, handeln die meisten Veröffentlichungen über das Thema EDI/EDIFACT von Anwendungen im Bereich Handel und Industrie. Hier gab es in der Vergangenheit die meisten Aktivitäten und Pilotprojekte. Allerdings „entdecken" jetzt auch die Banken und Versicherungen den EDIFACT-Markt und speziell die großen Vorteile von EDIFACT. Gerade im Zahlungsverkehr gibt es ein erhebliches Potential für die elektronische Datenübertragung, da hier große Mengen an Daten tagtäglich ausgetauscht werden müssen. Die Unternehmen wollen auch hier die in anderen Geschäftsbereichen feststellbaren Bemühungen wie Intensivierung der Zeitnutzung oder „Rund um die Uhr"-Aktivität[92] umsetzen.

Die Banken gehören zu den Vorreitern auf dem Gebiet von EDI. Sie setzen EDI schon seit 1977 in der Interbankkommunikation und seit ca. 1985 mit Nichtbanken ein. Während die Daten bisher im S.W.I.F.T.- oder DTA-Format ausgetauscht wurden, fällt jetzt das Augenmerk der Branche auf den umfassenden EDIFACT-Standard. Hiermit ist eben nicht nur die reibungslose Kommunikation zwischen Banken möglich, sondern auch zwischen Bank und jedem beliebigen Kunden, gleich welcher Branche, außerdem mit internationalen Geschäftspartnern auf der ganzen Welt.

Besonders von seiten der Industriezweige, die EDI bisher untereinander stark forciert haben (allen voran die Chemie- und die Automobilindustrie) wächst der Druck, auch die Bankgeschäfte mit UN/EDIFACT abwickeln zu können, um so das große Rationalisierungspotential von EDI noch besser nutzen zu können.[93] Umgekehrt wollen auch die Banken ihren Kunden den direkten Zugriff auf ihr Dienstleistungsangebot mittels UN/EDIFACT ermöglichen.

---

[92]   Vgl.: Deeg / EDIFACT / S. 40
[93]   Vgl.: o. V. / CS-EDIPAY / Blatt 1-5

Die Standardisierungsgremien sind sehr bemüht, die bereits bestehende Palette von Banken- und Versicherungs-Message-Typen weiter auszudehnen. Zudem bestehen für den Bankensektor allgemeingültige, einheitliche Sicherheitskonzepte.

Ebenso verhält es sich mit den Versicherungen. Der europäische Standard RINET ließ zwar den Austausch von Informationen zwischen Versicherungen zu, jedoch konnte bspw. die große Masse der Makler, mit denen ein Großteil des anfallenden Datenaustauschs bei den Versicherungen zustande kommt, nicht erreicht werden.

Beide Branchen, Banken und Versicherungen, können die Rationalisierungspotentiale von EDI nur ausschöpfen, wenn sie einen möglichst großen Anteil ihrer Transaktionen in das System einbinden. Die Voraussetzung dafür ist, daß der EDIFACT-Standard als weltweit gültiger, branchenunabhängiger Standard verwendet wird. Nur so können auch die Kunden der Institute in diese Entwicklung integriert werden und von den Einsparungen profitieren.

Den Kunden andererseits bietet sich die Möglichkeit, die EDIFACT-Anwendungen mit Banken und Versicherungen auch für alle anderen Geschäftsbereiche zu nutzen bzw. umgekehrt die bereits bestehenden EDIFACT-Systeme (Zulieferer, Lieferanten) für den Versicherungs- und Zahlungsverkehr zu nutzen.

Gerade die Schaffung des europäischen Binnenmarktes erfordert in immer höherem Maße die Verbesserung der Flexibilität und die Beschleunigung des Informationsaustauschs. Auch der Zahlungsverkehr zwischen den EG-Staaten muß wesentlich einfacher, kostengünstiger und schneller abgewickelt werden als in der Vergangenheit. Banken und Versicherungen müssen anpassungsfähig sein und an den Entwicklungen teilnehmen, damit der europäische Markt funktioniert.

Die EDIFACT-Technologie bildet die Voraussetzung, um die gesteckten Ziele zu erfüllen. Sie bietet sprachenunabhängige Kommunikation, die Transaktionen schneller macht und hilft, Kosten zu sparen.

3.2   Einsatzgebiete bei den Banken

3.2.1   Zahlungsverkehr

Auf dem Gebiet des Zahlungsverkehrs finden 90 % der EDI-Tätigkeiten der Banken statt. Das resultiert einerseits aus der Tatsache, daß Vorgänge auf diesem Gebiet das Hauptgeschäft der Kreditinstitute ausmachen. Andererseits ist im Bereich des Zahlungsverkehrs die EDIFACT-Normierung für den Finanzbereich am weitesten fortgeschritten, sodaß bereits einsatzfähige Nachrichtentypen für den Inlands- und Auslandszahlungsverkehr zur Verfügung stehen.

Bisher liegen für den Zahlungsverkehr in stabiler Form (5 Jahre fest) folgende Nachrichtentypen für die Kunde-Bank-Beziehung vor, die sich jeweils auf eine einzelne Transaktion beziehen[94] :

CREADV	Gutschriftsanzeige	PAYEXT	Erweiterter Zahlungsauftrag
CREEXT	Erweiterte Gutschriftsanzeige	PAYORD	Zahlungsauftrag
DEBADV	Belastungsanzeige	REMADV	Zahlungsavis
PAYDUC	Gehaltsabzugsavis	STATAC	Kontoauszug

Abbildung 16 - EDIFACT-Nachrichten für den Zahlungsverkehr [95]

Zur Zeit befindet sich der Tagesauszug im EDIFACT-Format in der Normierung, jedoch liegt er noch nicht in einer stabilen Form vor. Die oben genannten Nachrichtentypen beziehen sich jeweils nur auf eine Zahlung, wobei aber in einem EDIFACT-Zahlungsauftrag bis zu 9.999 Rechnungen à 9.999 Rechnungspositionen strukturiert übermittelt werden können[96]. Wie schon derzeit in DTA soll auch zukünftig in EDIFACT die Möglichkeit bestehen, Sammler zu erstellen und damit mehrere Zahlungen zusammenzufassen. Dafür werden die multiplen Nachrichtentypen PAYMUL (Multiple Payment Order), DEBMUL (Multiple Debit Advice) und CREMUL (Multiple Credit Advice) entwickelt. Auch andere Nachrichten, die gerade genormt werden, bauen auf die 'multiple' Darstellung auf: dazu gehören FINPAY (Interbanknachricht), FINSTA (Tagesauszug), BANSTA (Fehler-/Statusnachricht) und DIRDEB (Lastschrift). Die multiplen Nachrichten werden voraussichtlich im September 1995 den Status 2 erhalten.

---

[94]   O. V. / EDIFACT-Nachrichtentypen im Finanzbereich / S. 1
[95]   Eigener Entwurf
[96]   O. V. / Deutsche Bank / keine Seitenzahlen

Ein Problem liegt darin, daß EDIFACT keinerlei Unterscheidung zwischen Inlands-
und Auslandszahlungsverkehr vorsieht. Das widerspricht der Organisationsstruktur
vieler deutscher Banken und führt zu erheblichen Anpassungen bzw. beschränkter
Reichweite von Pilotprojekten. Eine weitere Besonderheit von EDIFACT ist auch,
daß der Empfänger vom Kontoinhaber abweichen kann.[97]

Die Funktionalität der Dienstleistungen der im allgemeinen notwendigen Netzwerke
kann von einer einfachen Netzverbindung bis zu Meldungsvermittlungs- oder
Filetransfersystemen mit UN/EDIFACT-Syntax-Prüfung und UN/EDIFACT-
spezifischen Sicherheitsfunktionalitäten reichen.

3.2.1.1   Beispielhafter Ablauf

Im folgenden wird ein typischer Ablauf im Zahlungsverkehr zunächst mit Worten,
dann anhand einer Grafik dargestellt.[98]

Der Kunde A (Zahlungspflichtiger, Auftraggeber) sendet einen elektronischen
Zahlungsauftrag mittels des Nachrichtentyps PAYORD (Payment Order) an die
Bank A (kontoführende Bank von Kunde A). Die Bank A leitet die
Zahlungsinformationen entweder direkt oder über das Clearing mit der Nachricht
FINPAY (Financial Payment) an die ebenfalls EDIFACT-fähige Bank B
(kontoführende Bank von Kunde B) weiter (FINPAY wird als Einzelnachricht von
S.W.I.F.T. verwaltet). Gleichzeitig sendet die Bank A dem Kunden A eine
Belastungsanzeige DEBADV (Debit Advice). Die Bank B sendet dem Kunden B
(Zahlungsempfänger, Begünstigter) als Gutschriftsanzeige eine CREADV (Credit
Advice).

Sind Bank A und Bank B identisch, d.h. haben Kunde A und Kunde B jeweils ein
Konto bei derselben Bank, so entfällt natürlich FINPAY und die Bank gibt direkt die
CREADV weiter. Ist Bank B nicht EDIFACT-fähig, so wird die Zahlungs-
information über den herkömmlichen Weg per DTA an sie weitergeleitet. Für die
meisten Nachrichten werden in naher Zukunft die multiplen Arten verfügbar sein,
die in der Grafik bereits aufgeführt sind.

---

[97]   Büttgens / Mehr als nur ein neuer Datensatz ? / S. 41
[98]   Vgl.: Schweizer Banken / Überblick / S. 3

Da für die Kunden der Verwendungszweck einer Zahlung für den Abgleich mit der Buchhaltung besondere Bedeutung hat, werden immer häufiger alternativ die Nachrichtentypen PAYEXT (Extended Payment Order) und CREEXT (Extended Credit Advice) verwendet. Diese stimmen zwar bezüglich der zahlungsrelevanten Daten mit PAYORD und CREADV überein, lassen jedoch im Verwendungszweck ('extended part') theoretisch unbegrenzte Angaben in strukturierter Darstellung zu (maximales Volumen etwa 2 Mio. Zeichen).[99]

Die Verwendungszweck-Angaben sind in ihrer Struktur mit einer Handelsrechnung vergleichbar, wodurch auf der Seite des Begünstigten ein vollautomatischer Abgleich mit den offenen Posten seiner Rechnungen möglich ist. Auch FINPAY kann diese erweiterten Verwendungszweck-Daten weiterleiten, DEBADV dagegen nicht. Eine andere Alternative besteht darin, diese zusätzlichen Angaben in einer Remittance Advice (REMADV) direkt zwischen Kunde A und B auszutauschen. Die Zahlungsverkehrsnachrichten unterstützen die Weiterleitung einer REMADV-Referenz bis zum Begünstigten. Nachrichten weiterer Branchen (z. B. Lieferschein, Zollerklärung) können länderübergreifend in diesen Kreislauf integriert werden.[100]

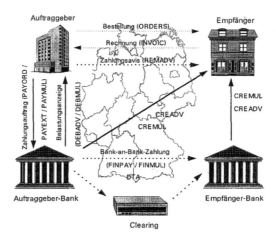

Abbildung 17 - Beispielhafter Ablauf im Zahlungsverkehr mit EDIFACT [101]

[99] Rauch, Deeg / EDIFACT im Bankbereich / S. 1
[100] O. V. / Was ist EDIFACT ? / S. 4
[101] Quelle: Eigener Entwurf in Anlehnung an: Rauch / EDIFACT bei der Dresdner Bank / S. 2

3.2.2   S.W.I.F.T.-EDIFACT-Pilotprojekt

Mit etwa 60 Großbanken wurde ein S.W.I.F.T.-EDIFACT-Pilotprojekt[102] gestartet, das den Austausch von Banknachrichten im EDIFACT-Standard über das S.W.I.F.T.-Netz vorsah. Nach erfolgreichem Abschluß des Projektes sollte diese Möglichkeit allen S.W.I.F.T.-Banken zur Verfügung gestellt werden.

S.W.I.F.T. entwickelte die Interbanknachricht FINPAY (Financial Payment), die neben den Finanzdaten zusätzliche Bank-an-Bank-Infos und den Verwendungszweck der PAYORD oder PAYEXT enthalten kann.[103] Aufgrund der für EDIFACT noch nicht implementierten Syntax-Prüfung (die das S.W.I.F.T.-Netz beinhaltet), werden die EDIFACT-Nachrichten mit Hilfe der 'Envelopes' MT105 bzw. MT106 im S.W.I.F.T.-Format vorgenommen. Die eigentliche EDIFACT-Nachricht ist im freien Text dieser speziellen S.W.I.F.T.-Nachrichtentypen enthalten.

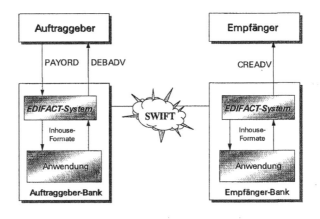

Abbildung 18 - Technische Struktur im S.W.I.F.T.-EDIFACT-Projekt [104]

Es folgt, daß bei dieser Übertragung sowohl die EDIFACT-Service-Segmente verwaltet als auch das spezielle S.W.I.F.T.-Enveloping unterstützt werden müssen. Außerdem kommt es aufgrund der Verwendung von FINPAY in der Version 91.2 zu Inkompatibilitäten gegenüber den Kunden-Nachrichten.

---

[102]   Vgl. zum gesamten Abschnitt: Rauch, Deeg / EDIFACT im Bankbereich / S. 3
[103]   Rauch, Deeg / EDIFACT im Bankbereich / S. 3
[104]   Rauch, Deeg / EDIFACT im Bankbereich / S. 3

3.2.3   Weitere Einsatzmöglichkeiten

Die EDIFACT-Funktionalität befindet sich stets in Weiterentwicklung, wodurch auch der Austausch von Nicht-Finanz-Transaktionen denkbar wird. Es wird immer häufiger von den Banken diskutiert, EDI/EDIFACT auch zum Austausch von Dokumenten wie z. B. Rechnungen, Bestellungen oder Lieferscheinen einzusetzen. Die bestehenden Systeme könnten dafür genutzt werden, benötigte Dokumente vom Kunden an die Bank zu schicken und damit die Versendung per Post einzusparen. Hier wird vor allem an Anträge, Formulare oder sonstige Nachrichten gedacht.

Weiterhin können bestehende EDIFACT-Anwendungen dazu beitragen, den elektronischen Datenaustausch vom Kunden direkt an andere Kunden zu ermöglichen. Die Banken würden dabei als „elektronische Postämter" fungieren, die unterschiedlichste Systeme miteinander verbinden und elektronische Dienstleistungen wie Prüfungen und Kontrollen anbieten können. Es ist auch denkbar, daß diese Dienstleistungen in Clearing Center integriert werden und darüber auch Informationsdienste oder Datenbanken zur Verfügung gestellt werden können.

3.3   Einsatzgebiete bei den Versicherungen

Auch bei den Versicherungen wird die Kommunikation auf europäischer Ebene immer wichtiger. Mit der Vollendung des europäischen Binnenmarktes für Versicherungen zur Jahresmitte 1994 entstand für diese Branche ein Mehr an Produktvariationen und Tarifvielfalt, aber auch ein Weniger an Produktklarheit und Markttransparenz.[105] Dieser offene, deregulierte Versicherungsmarkt wird zu einem verschärften Wettbewerb führen.[106] Das „Produkt" Versicherung mit allen Querverbindungen z. B. zu den Branchen Transport, Automobil (Kfz), Gesundheitswesen/Krankenversicherung oder Tourismus macht eine branchenübergreifende Kommunikation nötig.[107] Da zwischen den Versicherungen hauptsächlich Daten und Geld ausgetauscht werden, haben auch die Verbindungen zu den Banken eine große Bedeutung. Wenn alle diese Beziehungen auf internationaler Ebene rationalisiert werden sollen, kann nur EDIFACT als branchenübergreifende Norm sinnvoll eingesetzt werden.

---

[105]   Georg / Elektronischer Geschäftsverkehr / S. 232
[106]   Reimer / Dienstleistungen / S. 1
[107]   Georg / Elektronischer Geschäftsverkehr / S. 232

3.3.1   Bisherige Kommunikation

Bisher wurden in der Versicherungswirtschaft die Daten, neben vielen bilateralen Datenaustauschverfahren, seit 1985 mit dem GDV (Gesamtverband der Deutschen Versicherungswirtschaft)-Standard ausgetauscht. Mit diesem war die Darstellung der meisten Daten wie z. B. Vertragsinformationen (aller vorkommenden Verträge), Schadeninformationen, Abrechnungen oder Beteiligungsinformationen möglich.

Die Funktionalität des GDV-Standards stößt jedoch durch die weiterführende Entwicklung der Branche (internationale, branchenübergreifende Verbindungen) immer deutlicher an seine Grenzen und kann die zukünftigen Anforderungen an die Datenkommunikation nicht erfüllen (vgl. Kapitel 5.3.1).

Ein wichtiger Grund dafür ist, daß der GDV-Standard eine Kommunikation erst *nach* der Policierung ermöglicht und alle vorherigen Geschäftsvorfälle wie z. B. Angebot oder Antrag nicht unterstützt. Obwohl in der Phase vor dem Abschluß alle Daten beim Makler in maschinenlesbarer Form erfaßt werden, fehlt eine vollständige, elektronische Unterstützung der Logistikkette vom Point-of-Sale (Makler) bis zur Produktion (Versicherer)[108] und damit die Möglichkeit der maschinellen Verarbeitung (Doppelerfassungen!).

3.3.2   EDIFACT-Einsatz

Aufgrund der oben genannten Gründe ist der GDV-Standard nicht geeignet, mit den künftigen Ansprüchen in der Versicherungsbranche mitzuhalten. Die Entwicklungen verlangen nach einem international gültigen, branchenübergreifenden Standard, wofür nur EDIFACT in Frage kommt. Aus diesem Grunde ist man bemüht, gerade die Standardisierungen im Versicherungs-Bereich schnell voranzutreiben.

---

[108]   Reimer . Dienstleistungen / S. 5

Während verschiedene EDIFACT-Nachrichten für die wesentlichen Geschäftsprozesse der Rückversicherung bereits erarbeitet sind und sich im Qualitätssicherungsprozeß der UN befinden (parallel dazu befinden sich die Nachrichten bei RINET in Erprobung)[109], sind die im folgenden genannten EDIFACT-Nachrichten derzeit im Bereich der Erstversicherung schon verfügbar (Stand: November 1994). Zusätzlich befinden sich Nachrichten für die Massensparten Kfz, Hausrat und Haftpflicht z. Zt. in Bearbeitung.

Bezeichner	Nachrichtentyp	Status
INSPRE	Versicherungsprämien-Nachricht	1
PRPAID	Versicherungsprämien-Zahlungsnachricht	1
ICNOMO	Insurance Claims Notification Message	0
IPPOMO	Kfz-Anträge/-Verträge	0

Abbildung 19 - EDIFACT-Nachrichten bei den Versicherungen [110]

Innerhalb der EDIFACT-Gesamtorganisation existiert auch eine Branchen-Kommission für Versicherungen, die alle EDIFACT-Nachrichten koordiniert. Diese sog. MD.7 besteht seit 1989 und beinhaltet Entwicklungsgruppen für Erst- und Rückversicherer. Insgesamt sind 35 Mitglieder aus 10 europäischen Ländern beteiligt. Für Deutschland arbeiten darin Vertreter des Gesamtverbandes der Deutschen Versicherungswirtschaft und seit 1989 VDV im Auftrag des Bundesverbandes Deutscher Versicherungsmakler (BDVM) mit.

Die MD.7 hat das Ziel, die Geschäftsprozesse für alle Sparten des Versicherungsgeschäftes mit EDIFACT-Nachrichten zu unterstützen. Je nach aktuellem Bedarf der internationalen Interessengruppen ergibt sich die Priorität der Realisierung.

Aufgrund der Tatsache, daß in den meisten Staaten der EU das Versicherungsgeschäft hauptsächlich von Maklern erbracht wird, konzentrierten sich die Entwicklungen bis jetzt vornehmlich auf die Relation Makler/Versicherungsunternehmen (VU). Die dafür entwickelten Nachrichten können natürlich ebenso für die Kommunikation zwischen eigenem Außendienst und dem VU eingesetzt werden.[111]

---

[109] Köhler / UN/EDIFACT / S. 2
[110] Eigener Entwurf
[111] Köhler / UN/EDIFACT / S. 2

Da bisher mit UN/EDIFACT lediglich *ein* konstruktives Pilotprojekt gestartet wurde (zwischen der ALLIANZ München und der VDV Dr. Reimer GmbH Hamburg), sind die derzeitigen Einsatzgebiete lediglich der Austausch von Daten und die Übermittlung von Versicherungs-Informationen. Denkbar sind auch hier Anwendungen außerhalb der Versicherungsbranche sowie umfassende unabhängige Beratungsleistungen mit Hilfe von EDIFACT.

Es erscheint möglich, gerade die Beziehungen zwischen Versicherungen und Banken mit EDI/EDIFACT zu verbessern. So können einerseits die Zahlungsverkehr-Transaktionen auf EDIFACT umgestellt werden, weiterführend aber auch die Girokonten der Privatkunden als Informationsmöglichkeit genutzt werden. Der Versicherer könnte bspw. die vorher papierhaften Prämienrechnungen, Mahnungen und Dokumente über EDI/EDIFACT dem Bankinstitut des Kunden zur Verfügung stellen, welches wiederum für die sichere Weiterleitung an den Kunden sorgt.[112]

Die möglichen EDIFACT-Verbindungen sind in der folgenden Grafik für den Fall eines Kfz-Schadens dargestellt. Hierbei wird deutlich, daß sich der Kreis der Geschäftsprozesse Antrag-Vertrag-Schaden im EDIFACT-Standard erst mit der Verbindung zu den Banken im gleichen Standard schließt. In der Versicherungsbranche ist hier wiederum die ALLIANZ zu nennen, die ihren Nachrichtenaustausch mit den Banken im EDIFACT-Standard ausführt.[113]

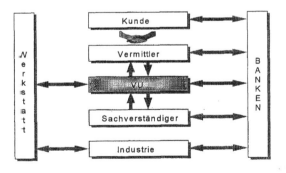

Abbildung 20 - EDIFACT-Verbindungen im Falle eines Kfz-Schadens [114]

---

[112] Weber / Freie Bahn für den elektronischen Geschäftsverkehr / S. 18
[113] Köhler / UN-EDIFACT / S. 3
[114] Eigener Entwurf nach Köhler / UN/EDIFACT / S. 3

3.4 Beschreibung des Systems

3.4.1 Banken

3.4.1.1 Technik

Um EDIFACT-Nachrichten bearbeiten zu können, benötigen die Banken ein „EDIFACT-System", das neben der Archivierung und der Protokollierung der Vorgänge die Aufgabe hat, Prüfungen auf Syntax und Partnervereinbarungen sowie eine Umsetzung in bestehende interne Formate vorzunehmen.[115]

Die technische Realisierung bei den Banken sieht gegenwärtig so aus, daß die Konvertierung aus Sicherheitsgründen vom Host auf eine separate Workstation (meist UNIX-Rechner) ausgelagert wird. Diese ist mit dem Host-Rechner und evtl. einer Datenbank verbunden. Somit umgeht man das Problem, daß die Konvertierung des immensen Volumens an Zahlungsanweisungen[116] die bestehenden EDV-Systeme derart belasten würde, daß zusätzliche Investitionen in Hardware in großem Umfang nötig wären. Außerdem wäre die Bereitstellung der entsprechenden Software für das zentrale System sehr teuer.[117]

Wie aus den Pilotprojekten ersichtlich ist, können die eingehenden Nachrichten entweder am Host eingehen und von da an den EDIFACT-Server weitergeleitet werden oder aber direkt am EDIFACT-Server eingehen. Die Wahl des Empfangs-Rechners ist von Kostengründen abhängig. Allerdings wird in vielen Fällen die erste Methode bevorzugt, da auf dem Host in den meisten Fällen schon Schnittstellen für die gängigsten Kommunikationsnetze und -dienste vorhanden sind, die für die EDIFACT-Pilotprojekte sofort verwendet werden können. Es würde meist erheblich höhere Kosten nach sich ziehen, alle Schnittstellen nochmals auf dem EDIFACT-Server einzurichten.

---

[115] Rauch, Deeg / EDIFACT im Bankbereich / S. 4
[116] Die Creditanstalt in Wien nennt eine Zahl von 500.000 Zahlungsanweisungen pro Tag ! vgl.: MLC / EDI im Banksektor
[117] Eine umfangreiche Darstellung und Bewertung der verfügbaren Konvertersoftware findet sich bei: Georg / Nicht auf einen Standard kaprizieren / S. 32 - 37

Der EDIFACT-Konverter hat als Hauptfunktion die Construction und Translation.[118] Das heißt, er erhält die eingehenden Zahlungsanweisungen im EDIFACT-Format und konvertiert sie ins Inhouse-Format (Translation). Umgekehrt werden ausgehende Belastungs- oder Gutschriftsanzeigen vom Inhouse-Format, in dem sie erstellt werden, in das EDIFACT-Format überführt (Construction). Neben dieser Konvertierung übernimmt der Server auch andere Funktionen wie Archivierung (z. B. der Original-EDIFACT-Nachrichten) oder Fehlerkontrolle.

Da EDIFACT kein spezielles Kommunikationsmedium vorschreibt, können für den Zahlungsauftrag an die Bank eine Vielzahl von Standards verwendet werden. Aus Gründen der Sicherheit und der Verfügbarkeit auf unterschiedlichen Plattformen wird heute üblicherweise der Standard X.400 [119], der vor allem von Industrie und Handel favorisiert wird, oder FTAM, der Standard zur Dateiübertragung in der Finanzbranche, empfohlen. Ebenfalls denkbar, aber (noch) nicht so verbreitet, sind Standards wie RVS, FTOS oder Datex-J.[120]

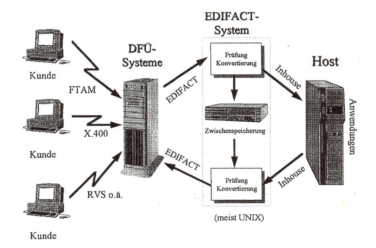

Abbildung 21 - Technik der EDIFACT-Verarbeitung [121]

[118] Thomas / Vorhandene EDI-Software läßt noch stark zu wünschen übrig / S. 50
[119] O. V. / EDIFACT mit der Dresdner Bank / S. 5
[120] Suckfüll / EDIFACT im bundesdeutschen Zahlungsverkehr / S. 28
[121] Eigener Entwurf

Da die Konvertierung in Inhouse-Formate aufgrund der Komplexität und Flexibilität des Standards sehr aufwendig ist und die international definierten Nachrichtentypen oft (mit heutigen Systemen) nicht verarbeitbare Informationen zulassen, werden in der Praxis oftmals Subsets gebildet, d.h. die optionalen Datenelemente einer Nachricht werden eingeschränkt.[122] Bei den deutschen Banken existiert bspw. ein Subset für PAYORD, wodurch eine automatische Verarbeitung möglich wird. Diese Subsets sind keine Insellösungen, sondern sie eliminieren die Sonderheiten oder die nicht benötigten Datenelemente.

Nach diesem Schema laufen die meisten Systeme ab. Dennoch denken viele Banken daran, für EDIFACT einen getrennten Kommunikationsserver einzurichten, der dann die eingehenden EDIFACT-Nachrichten unmittelbar übernimmt und nach Konvertierung weiterleitet. Aus Kostengründen mit dem Hintergrund eher pragmatischer Ansätze wurde bei den Pilotprojekten darauf verzichtet.

Speziell im Kreditgewerbe ergibt sich eine Besonderheit bei der Behandlung von EDIFACT-Nachrichten: Über 95 % einer EDIFACT-Nachricht machen nämlich Angaben über den Verwendungszweck aus, welche nicht für die Bank bestimmt bzw. relevant sind.

Aus diesem Grund wird eine besondere Verarbeitung notwendig, die die Nachrichten zunächst in einen Finanz- und einen kommerziellen Teil aufteilt. Anschließend werden die Finanzdaten, die alle für die bankfachliche Verarbeitung notwendigen Informationen umfassen, konvertiert und die kommerziellen Daten, die für die interne Verarbeitung nicht benötigt werden (enthalten Verwendungszweck, Kundenadresse etc.), „unangetastet" in dafür bereitgestellten Kapazitäten zwischengespeichert.[123]

Die gesamte Verarbeitung kann außerdem in drei einzelne Teile untergliedert werden (siehe Abbildung 22: Kommunikation, Konvertierung und Weiterverarbeitung inklusive Buchung). Diese können entweder gemeinsam auf einem Großrechner laufen oder auf drei einzelne Rechner verteilt sein.[124]

---

[122]   Rauch, Deeg / EDIFACT im Bankbereich / S. 4
[123]   /P/E/C/O/M/ / Leitfaden zu EDIFACT / S. 11
[124]   Suckfüll / EDIFACT im bundesdeutschen Zahlungsverkehr / S. 28

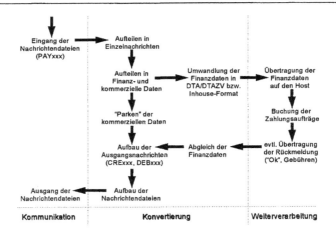

Abbildung 22 - Verarbeitung von EDIFACT-Nachrichten innerhalb der Bank [125]

3.4.1.2   *Banking Communication Standard (BCS)*

Bei der Datenfernübertragung im Bankenbereich spielt der Banking Communication Standard[126] eine wichtige Rolle. Er wurde unter Beteiligung aller Mitgliedinstitute des Bundesverbandes deutscher Banken festgelegt und stellt eine multibankfähige Kommunikationskomponente im Rahmen des Electronic Banking zwischen Firmenkunden und Kreditinstituten dar. Der BCS basiert auf internationalen Standards und gilt als zukunftsorientierte Standardlösung für die gesicherte und kostengünstige DFÜ. Da bereits 20 % der Firmenkunden PC-basierte BCS-Produkte einsetzen, steht einer größeren Verbreitung des Systems nichts im Wege.

Das Ziel von BCS ist die Schaffung einer einheitlichen Übertragungsarchitektur, auf der verschiedene Anwendungen des Bankgeschäfts mit kommerziellen Kunden implementiert werden können. Die Einbeziehung weiterer zukünftiger Standards ist durch einen modularen Aufbau möglich. Alle benötigten Basisfunktionen wie Datentransport, Datenkomprimierung und Absicherung der Kommunikation (elektronische Unterschrift) werden von dahinterstehenden Anwendungen abgedeckt. Das System ist auch für die Übertragung größerer Datenmengen geeignet und weist daher ein flexibles DFÜ-Konzept auf.

---

[125] Suckfüll / EDIFACT im bundesdeutschen Zahlungsverkehr / S. 29
[126] Text übernommen aus: Georg / Elektronischer Geschäftsverkehr / S. 225

Durch die Kombination von BCS, das unter einer einheitlichen Benutzeroberfläche und System- bzw. Benutzerverwaltung den Systemteil abdeckt, mit dem Electronic-Banking-System entstand das EDI-System des Bundesverbandes *MultiCash*[Plus]. *MultiCash*[Plus] versteht sich als offenes und kommunikatives System, das auch den Datenaustausch mit anderen Programmen ermöglicht. Die zu dem kundenseitigen Gesamtsystem erforderlichen Anwendungsprogramme werden unter *MultiCash*[Plus] durch die entsprechenden *MultiCash*-Module abgedeckt. Innerhalb dieser Module werden folgende Leistungen angeboten:

- Erstellung und Verwaltung von Zahlungsauftrags-Datensätzen
- Cash-Management: Aufbereitung und Auswertung abgeholter Kontostands- und Umsatzinformationen
- Aufbereitung und Auswertung kundeneigener Planungsdaten
- Umwandlung von Kontoinformationen aus diversen Datenstrukturen in das einheitliche Datenformat entspr. der S.W.I.F.T.-Konvention für MT 940
- Überleitung der Daten in Anwendungen zur dortigen Weiterverarbeitung
- Import- und Exportschnittstellen zu Hostanwendungen des Kunden.

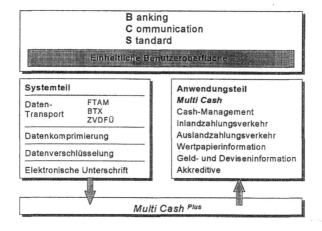

Abbildung 23 - MultiCash[Plus]*-Software-Architektur* [127]

---

[127]   Georg / Elektronischer Geschäftsverkehr / S. 227

3.4.1.3   *Angebot von Clearing Centern*

3.4.1.3.1   Funktionsweise und Ziele

Es wird derzeit von den Banken überlegt, ebenso wie private Netzwerkbetreiber sogenannte Clearing Center anzubieten. Durch diese würde die Bank zu einem Kommunikations-Zentrum, das seinen Kunden die verschiedensten Dienste offerieren könnte. Beispielsweise ermöglicht ein Clearing Center den Kunden die Kommunikation mit Geschäftspartnern, die sie mit ihrem eigenen Standard sonst nicht erreichen können.

Durch das Zwischenschalten eines Clearing Center zwischen Absender und Adressat werden die Daten in das Format des Empfängers umgewandelt, egal mit welchem dieser arbeitet. Der Kunde muß sich keine Gedanken mehr machen, welche Formate sein Partner benutzt und ob sein System dazu kompatibel ist.

Ein Clearing Center[128] funktioniert wie ein elektronisches Postamt: Ein großer Zentralrechner, der bspw. in der Zentrale der Bank steht, sammelt alle Informationen aus allen Geschäftsstellen und schickt sie nach der Sortierung an die einzelnen Mailboxen der Empfänger weiter. Neben dieser Umwandlung der Daten in das Format des Empfängers wird eine Vielzahl von Aufgaben wie z. B. Informations- und Datenbankdienste, Überprüfungen oder Verschlüsselungen wahrgenommen, um so die EDI-Anbindung und -Verwendung für den Kunden zu vereinfachen und den Datenaustausch mit möglichst vielen Geschäftspartnern und mit verschiedenen Systemen zu unterstützen.

Ziel des Angebotes eines Clearing Center von seiten der Bank ist es, den Kunden von der umfangreichen und komplexen EDI-Technologie abzuschirmen und ihm den Umgang mit den modernen Kommunikationseinrichtungen so einfach und komfortabel wie möglich zu machen. „Denn EDI wird nur dann in alle Unternehmen Einzug halten wenn die Anwender ihre Arbeitszeit nicht mit dem Lesen von Handbüchern verbringen, sondern das mögliche Rationalisierungspotential ausschöpfen können."[129]

---

[128]   Vgl. auch: Schlosser / EDI-Clearing-Center / S. 27 - 28
[129]   Güc / Komplexe Technik einfach bedienen / S. 39

Die Banken denken darüber nach, neben Clearing Centern auch sogenannte Mehrwertnetze VANS (value added network services) [130] anzubieten. Diese bieten zusätzlich zur Clearing Center-Funktionalität verschiedene Zusatzleistungen wie z. B. Stammdatenpflege oder erweiterte Formatkonvertierung.

Über diese Netze[131] kann ein Anwender Nachrichten auch in Kommunikationsstandards versenden, die der Empfänger nicht unterstützt, wodurch Probleme mit unterschiedlichen Datennetzen und Kommunikationsprotokollen umgangen werden.[132] Die zwischengeschalteten Netze übernehmen die Aufgabe der Konvertierung und nehmen dem Kunden dadurch Probleme mit dem Standard.

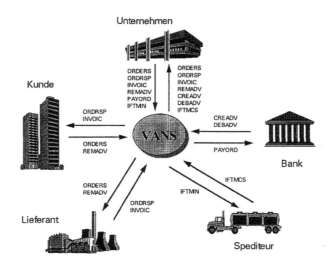

Abbildung 24 - Nachrichtenverteilung durch VANS [133]

---

[130] Vgl. auch: Hoffmann / IBMs VAN / S. 28 - 29
[131] Zur Auswahl eines VAN vgl.: Groß / Auswahl eines VAN-Services / S. 36 - 37
[132] Bumba / EDI in logistischen Leistungsketten / S. 165
[133] /P/E/C/O/M/ / Leitfaden zu EDIFACT / S. 18

3.4.1.3.2   Leistungen eines EDI Clearing Center

Ein EDI Clearing Center (im folgenden kurz: ECC) kann die unterschiedlichsten Aufgaben wahrnehmen.[134] Zu den notwendigen Komponenten gehören neben der Konvertierung, Datenbereitstellung und Kontrolle vor allem Dienste wie Beratung, Unterstützung, Management usw. Dementsprechend wird ein ECC als die Gesamtheit aller manuellen, interaktiven und automatischen Funktionen definiert, die notwenig sind, EDI-Geschäftsvorfälle innerhalb eines definierten Zuständigkeitsbereiches (domain) nach allgemeinen Regeln zu bearbeiten und mit angeschlossenen Anwendungen und EDI-Partnern ordnungsgemäß auszutauschen.[135] Dabei können ECC-Dienste grob wie folgt gegliedert werden:

Nachrichten-Services	Unterstützungs-Services	Management-Funktionen
Kommunikations-Services	Beratungs-/Ausbildungs-Services	EDI-Verkehrsüberwachung und -steuerung
Nachrichten-bearbeitungs-Services	Installations-/Implementierungs-unterstützung und Wartung	Zugangskontrolle und Kommunikationssicherheit
Anwendungs-Services	Help-Funktionen	Abrechnung

Abbildung 25 - Dienste eines EDI Clearing Center [136]

Es ist zu unterscheiden zwischen unternehmenseigenen, sog. internen (I-ECC), und externen EDI Clearing Centern, z. B. „Service Provider ECC" (S-ECC) oder Verbands-/"Association ECC" (A-ECC). Durch den Einsatz dieser professionellen Services können mehr oder weniger große Teile (bzw. mehr oder weniger „schwierige" oder „aufwendige" Teile) der EDI-Funktionen entweder permanent oder temporär nach außen verlagert werden („out-sourcing").

Ein sinnvoller Ansatz wäre es bspw., zunächst alle benötigten EDI-Management-Funktionen an ein externes S-ECC zu vergeben und diese später bei gewachsenem Datenvolumen und Know-how ganz oder teilweise ins eigene I-ECC zu übernehmen.

---

[134]   Eine ausführliche Darstellung findet sich bei: Bruns / EDI-Management / S. 41
[135]   Bruns / EDI-Management / S. 34
[136]   Bruns / EDI-Management / S. 34

Die Hauptfunktionen eines externen Clearing Center liegen jedoch in der Nachrichtenbearbeitung (mit Konvertierung) und der Kommunikation. Die Leistungen eines Clearing Center sind dabei im einzelnen[137] :

- Empfang und Weitertransport von Daten in den verschiedensten Formaten

- Einfacher und kostengünstiger Zugriff auf die gängigsten nationalen und internationalen Netze

- Hohe Verfügbarkeit (maximale Auslastung)

- Vielfältiges Angebot an Übergängen (Gateways) in „fremde" Netze

- Unterstützung der gängigsten Protokollarten

- Realisierung standardisierter sowie proprietärer File-Transfers

- Angebot an verschiedenen Übertragungsgeschwindigkeiten

- Ausgabe der Daten je nach Wunsch per DFÜ, Fax oder Drucker

- Datenkonvertierung zwischen verschiedensten Protokollen und Formaten

- Sicherheitseinrichtungen zur Verhinderung von unerlaubtem Zugriff

- Anlegen und Verwalten von Partnerprofilen zwecks Überprüfung der Kommunikationsbeziehungen

- Abfrage der auszutauschenden Nachrichtentypen

- Verschlüsselung und Entschlüsselung von Dokumenten

- Überprüfung der Dokumente hinsichtlich Syntax und Vollständigkeit

- Chronologische (vorgangsbezogene) Dokumentation

- Möglichkeit der Dokumentenarchivierung

- Detaillierte Aufschlüsselung der Kommunikationskosten

---

[137]   Nach: Güc / Komplexe Technik einfach bedienen / S. 38

3.4.1.3.3   Beurteilung

Die Banken verfolgen mit dem möglichen Angebot von Clearing Centern bestimmte Ziele. Es geht darum, dem Kunden eine ganze Reihe von Services zu bieten, die andere Banken eventuell nicht bieten. Es geht also um Wettbewerbsvorteile im Werben um die Kunden: Der Kunde wird sich für die Bank entscheiden, die ihm die neuesten und modernsten Möglichkeiten und Angebote unterbreitet. Wenn sich ein Unternehmen überlegt, in EDI einzusteigen bzw. schon eingestiegen ist, so wird es die Bank auswählen, die diese Pläne unterstützt und ihm mit den Dienstleistungen eines Clearing Centers nützlich sein kann.

Im übrigen können auch die Banken ihren eigenen Clearing Center Service nutzen. So kann bspw. eine Nachricht, die im bankinternen Inhouse-Format gesendet und empfangen wird, vom zwischengeschalteten Clearing Center konvertiert und verteilt werden. Dadurch wird die Kommunikation mit Geschäftspartnern aus anderen Branchen (Kunden, Lieferanten etc.) oder die Datenübertragung ins Ausland möglich. Auch die Bank ist durch ihr eigenes Clearing Center offen für alle anderen, meist branchenabhängigen EDI-Standards und -sprachen.

Diesen positiven Aspekten stehen natürlich die Kosten für ein Clearing Center gegenüber. Die anbietende Bank oder Versicherung hat hohe Anschaffungskosten für Software und evtl. Hardware, für Personalschulung und/oder -einstellungen, für Netzdienste und Wartung. Rechnet man den daraus resultierenden Nutzen auf, so stellt man schnell fest, daß sich Vorteile wie z. B. verbesserter Kundenservice jedoch in den wenigsten Fällen mit monetären Zuwächsen ausdrücken lassen. Hier spielen vielmehr Image- und Akzeptanzverbesserungen eine Rolle.

Die Clearing Center werden geeigneterweise von EDI-Softwarehäusern geplant und eingerichtet, die über langjähriges Knowhow und ausgereifte Softwarelösungen verfügen, um einen reibungslosen Ablauf zu ermöglichen. Reine Dienstleister wie z. B. stratEDI befassen sich ausschließlich mit der Auswahl und Integration der Anwendungen, um ein genau dem Kunden angepaßtes und zugeschnittenes System zu erhalten. Auch die Betreiber bereits bestehender Clearing Center (andere Banken, andere Unternehmen) können hilfreiche Unterstützung und Beratung bieten und die von ihnen gemachten Erfahrungen weitergeben.

3.4.1.4   Beispiel: EDIFACT-Nachricht PAYEXT

Zur Verdeutlichung soll im folgenden exemplarisch die Nachrichtenart PAYEXT in dem von den deutschen Banken verwendeten Subset näher beschrieben werden[138] (komplette Formatbeschreibung siehe Anhang 6).

Ein Zahlungsauftrag wird von dem auftraggebenden Kunden an die beauftragte Bank gesendet. Diese erhält die Anweisung

- ein Konto zu belasten, das sie für den Auftraggeber oder Zahlungspflichtigen (PAYOR) führt,

- einen bestimmten Betrag an den Begünstigten zu zahlen, oder falls gewünscht, an einen Zahlungsempfänger (PAYEE) zugunsten eines End-Begünstigten.

- Die Zahlung erfolgt als Ausgleich für den (die) im Verwendungszweck angegebenen Geschäftsvorfall (Geschäftsvorfälle).

Ein Zahlungsauftrag enthält Informationen, die zur Abwicklung des Zahlungsvorganges benötigt werden. Mit diesem kann der finanzielle Ausgleich für eine oder mehrere geschäftliche Transaktionen im kommerziellen Bereich abgedeckt werden, wie z. B. Rechnungen, Gutschriften, Belastungsanzeigen usw. Mit dieser Nachricht können sowohl Inlands- als auch Auslandszahlungsaufträge sowohl in DM als auch Fremdwährung erteilt werden. Fremdwährungszahlungen im Inland werden als Auslandszahlung behandelt. Wichtig ist, daß die Gesamtlänge der Nachricht aufgrund vorgegebener Einschränkungen auf max. 2000 Bytes begrenzt ist, was indirekt auch die Länge des Verwendungszweckfeldes einschränkt.

Sofern bei den Erläuterungen keine Unterscheidung für Inlands- und Auslandszahlungen erfolgt, gelten die Einzelheiten für beide Arten der Zahlungsaufträge. Texterläuterungen überschreiben die Angaben bei den Segmenten. Sofern im Text auf ein Pflichtfeld hingewiesen wird und in der Segmentaufstellung das Datenelement ein Wahlfeld ist, gilt stets die Texterläuterung. Es ist zu berücksichtigen, daß innerhalb der Bankenkette einschließlich der Bank des Begünstigten eine Konvertierung in eine bereits bestehende Norm vorgenommen werden könnte. Dies ist notwendig, wenn ein beteiligter Partner nicht „EDIFACT-fähig" ist. Die für eine Konvertierung notwendigen Verfahrensregeln sind im EDI-Vertrag beschrieben.

---

[138]   Der Text stammt vollständig aus dem Handbuch ZKA-Subset PAYEXT.

3.4.2   Versicherungen

3.4.2.1   Technik

Im bisher gestarteten produktiven Pilotprojekt in der Versicherungsbranche sieht die technische Realisierung der Verbindung auf der Seite der Versicherung (ALLIANZ) ganz anders aus als bei den Banken.

Hier wurde aufgrund des relativ (im Vergleich zum Zahlungsverkehr) niedrigen Datenvolumens auf einen separaten EDIFACT-Server verzichtet. Die Nachrichten gehen direkt auf dem Host ein und werden auch hier konvertiert. Es folgt eine Zuordnung der Nachrichten auf die PC-Ebene sowie eine Integration in die Anwendungen über Datenbanken.

Zur Übertragung werden hier hauptsächlich FTAM und ISDN-Netze genutzt, jedoch sind ebenso alle vorher genannten Übertragungsstandards möglich.

Auf der anderen Seite dagegen (beim VDV) ist wieder ein EDIFACT-Server vorhanden, der die eingehenden Dateien direkt erhält und sie nach Konvertierung und Prüfung an den VDV-Host weiterleitet (detaillierte Beschreibung bei den Pilotprojekten).

3.4.2.2   Clearing Center

Analog zu den Banken können auch die Versicherungen bestehende EDIFACT-Strukturen nutzen, um ihren Partnern die Dienste von Clearing Centern anzubieten. So kann durch die umfassende Nutzung der EDIFACT-Systeme dem Ziel der Nutzenrealisierung und Kosteneinsparung nähergekommen werden. VDV bspw. offeriert bereits jetzt den Service einer Clearingstelle, der im folgenden näher beschrieben wird.[139] VDV hat das Ziel, mit dem Angebot der Clearingstelle die Logistik der Datenkommunikation dahingehend zu optimieren, daß sowohl Makler als auch Versicherer nur noch *einen* Ansprechpartner haben:

- Der Makler hat *eine* Anlaufstelle, die für ihn die Bereitstellung seiner Daten bezüglich *aller* Versicherer organisiert. Umgekehrt bekommt der Makler die von ihm benötigten Daten komprimiert aus *einer* Hand im von ihm gewünschten Rhythmus.

- Der Versicherer kann die Organisation der Datenkommunikation erheblich reduzieren, da er nur noch einen Kommunikationspartner hat, an den die Daten zentral auf einem Datenträger in einem festgelegten Rhythmus geliefert werden.

- Außerdem kann diese Clearingstelle die individuelle Datenkonvertierung einer versichererspezifischen Datenstruktur in den GDV- oder EDIFACT-Standard übernehmen.

Bestandteil des VDV-Clearings[140] sind bspw. Zwischenspeicherung von Datenbeständen, evtl. Konvertierung in den GDV-Standard, Pooling aller eingehenden Daten, Beratung der Makler und Versicherer in Fragen der Datenkommunikation oder Auslieferung in individuellen Rhythmen der Makler und auf maklerspezifischen Datenträgern.

Das weltweite EDIFACT-Netz drängt gerade dazu, Value Added Services darüber anzubieten. Für die Versicherungen wären Stichworte für diese Services[141] :

- Feuer-Tarifierung in Deutschland
- Erdbebenkumule
- wissensbasierte Systeme für das Underwriting von schweren Risiken.

---

[139]   Quelle: Reimer / Dienstleistungen / S. 7 f.
[140]   Reimer / Dienstleistungen / S. 8
[141]   Weber / Freie Bahn für den elektronischen Geschäftsverkehr / S. 18

3.5   Bewertung

3.5.1   Allgemeine Ziele von EDI/EDIFACT

Die Grundziele von EDI / EDIFACT liegen darin,

- das Papieraufkommen bei geschäftlichen Transaktionen zu reduzieren,
- den Datenaustausch über beliebig weite Distanzen zu ermöglichen und
- die zeitliche Verzögerung zu minimieren.

Weiteres Ziel des elektronischen Datenaustauschs ist die Steigerung der Leistungsfähigkeit, Flexibilität (vor allem in der Fertigung), Bearbeitungsgeschwindigkeit und Lieferservice der Unternehmen. Man kann festhalten, daß besonders der Kundennutzen und die Steigerung der Marktattraktivität im Vordergrund stehen.

Allgemein akzeptiertes, charakteristisches Merkmal von EDI/EDIFACT ist die soft- und hardwareneutrale Weiterverarbeitbarkeit elektronisch übermittelter Daten und Informationen in unternehmensinternen Anwendungssystemen ohne erneute Dateneingabe.[142]

---

[142]   Jaros-Sturhahn Neuburger / EDI und Internet / S. 28

3.5.2   Auswirkungen

EDI mit EDIFACT beinhaltet für die Banken ein großes Rationalisierungspotential. Tagtäglich gehen immense Mengen an Zahlungsverkehrsdaten bei der Bank ein, die durch EDIFACT und damit verbundene organisatorische Anpassungen viel schneller bewältigt werden können. EDIFACT ermöglicht der Bank „lean management" [143] bzw. „lean administration", die schlanke Verwaltung des Unternehmens.[144] Interne Prozesse können sowohl automatisiert als auch beschleunigt und Fehler aufgrund manueller Eingaben reduziert werden.

Mit Hilfe von innovativen Technologien wie gerade EDIFACT können speziell Banken ihre Servicedienstleistungen an ihre Kunden immer stärker in Richtung elektronischer Finanzdienstleistungen ausdehnen. Diese Tendenz hat zwei Ausprägungen[145] :

- Klassische Bankprodukte werden zunehmend über elektronische Kommunikationsmedien an den Kunden herangetragen und
- innovative Bankdienstleistungen werden immer mehr durch intelligente Technologieanwendung geschaffen.

Da die Einführung von EDIFACT immer mit Veränderungen im Unternehmen in Form von nötigen Anpassungen der Datenverarbeitungsabläufe verbunden ist, werden mit EDIFACT zwangsläufig Umorganisationen des Aufbaus und Ablaufs nötig.[146] Als Faustregel gilt: 80 % der entstehenden Probleme sind organisatorischer Natur und nur 20 % technischer Natur.[147] Diese erforderliche Umorganisation führt zu effizienteren und rationalisierten Prozessen, wodurch die Banken an Flexibilität und Attraktivität gewinnen.

Analog hilft EDIFACT bei den Versicherungen, die internen Ablaufstrukturen zu rationalisieren und Datentransfers zu beschleunigen. Arbeitsprozesse werden optimiert und neue Daten stehen aufgrund der schnelleren Übertragung viel eher zu Verfügung.

---

[143]   Zu lean management vgl. auch: Georg / EDI / S. 41 - 44
[144]   Zu organisatorischen Anforderungen und lean production/administration vgl.: Picot, Neuburger, Niggl / Erfolgsdeterminanten von EDI / S. 50 - 54
[145]   Ong / EDI und EDIFACT / S. 9
[146]   Vgl. auch: Tolkmit / EDI-Vorteile / S. 44
[147]   Dirlewanger / EDIFACT, der Schlüssel / S. 39

3.5.3   Vorteile für die Bank

EDI im allgemeinen bietet für die Banken eine Vielzahl von Vorteilen. Sie lassen sich grob entsprechend folgender Grafik einteilen:

EDI =					
👍	👍	👍	👍	👍	👍
Kosten-reduktion	Optimierung interner Geschäfts-prozesse	strategische Geschäfts-partner-schaften	Verbesserter Kunden-Service	langfristige Wettbewerbs-fähigkeit	Unternehmens-sicherung

Abbildung 26 - Allgemeine Vorteile von EDI [148]

Der elektronische Datenaustausch mit EDIFACT bietet zusätzlich für die Banken die im folgenden genannten Vorteile (allgemeine Vorteile von EDI werden nicht näher ausgeführt):

3.5.3.1   Kommunikation

- EDI mit EDIFACT kann auf jedem bisher verwendeten Banksystem, unabhängig von der Hardware, der Software oder dem Hersteller, implementiert und betrieben werden.
- EDI mit EDIFACT kann weltweit angewendet werden und ist durch die genormten Elemente unabhängig von einzelnen Branchen oder Landessprachen.
- Das Papieraufkommen, gerade im Zahlungsverkehr, wird nochmals erheblich verringert, da mit EDIFACT auch Dokumente, Verträge und andere Schriftstücke übertragen werden können.
- Der Netznutzen wird erheblich davon bestimmt, daß alle Wirtschaftssubjekte als Kommunikationspartner für die Bank möglich sind.

---

[148]   stratEDI / Prospekt

3.5.3.2   Geschäftsablauf

- Die allgemeine Durchlaufzeit von Zahlungsvorgängen wird durch die Möglichkeit schnellerer Bearbeitung beträchtlich verringert und der gesamte Geschäftsablauf rationalisiert.

- Durch die Automatisierung administrativer Funktionsabläufe können bei der Bearbeitung der Zahlungsaufträge Arbeitszeiteinsparungen realisiert und sogar ganze Tätigkeitsbereiche eliminiert werden. Auf lange Sicht werden weniger Mitarbeiter[149] benötigt und Personal- und Verwaltungskosten gesenkt.

- EDIFACT kann anderen elektronischen Datenübertragungen wie z. B. DTA in bezug auf die Sicherheit vorgezogen werden.

- Die Bank kann verglichen mit anderen EDI-Methoden durch rationellere Abwicklung nochmals Transaktionskosten[150] reduzieren.

3.5.3.3   Wettbewerb

- Die Teilnahme am elektronischen Datenaustausch mit EDIFACT kann den Banken durch Erhöhung der Flexibilität und Wettbewerbsfähigkeit auf lange Sicht entscheidende Wettbewerbsvorteile gegenüber anderen Kreditinstituten verschaffen.

- Die Bank erhält mit EDIFACT die Möglichkeit, ihren Kunden zusätzliche Dienstleistungen und Services anzubieten (Clearing Center u.a.).

- Die Partnerschaft von Kunde und Bank wird verdichtet und Geschäftsabläufe zwischen diesen enger verzahnt.

- Die Kommunikations- und Reaktionszeit auf dem Markt wird analog zu den Transferzeiten erheblich verkürzt.

- Durch EDIFACT unterstützte enge Geschäftsbeziehungen und funktionsfähige Kooperationen können langfristig die Existenz sichern und für eine aktive Zukunftssicherung sorgen.

---

[149] „BMW konnte 8 Mitarbeiter in der Rechnungsprüfung sowie 30 Mitarbeiter im Einkauf einsparen, McKesson sogar 500 Mitarbeiter in der Auftragsannahme (Telefonisten, Anm. d. Verf.)"; aus: Picot, Neuburger, Niggl / Wirtschaftlichkeitsaspekte / S. 40

[150] Zur detaillierten Aufstellung und Bewertung der EDV-Kosten in verschiedenen Unternehmen vgl. die Studie der ESG Elektroniksystem- und Logistik-GmbH München von 1993 (ESG / Spielwiese oder Basis für den Erfolg / S. 66/67, Zusammenfassung; o. V. / Kommunikationsboom / S. 8 - 10).

3.5.4   Nachteile für die Bank

Die oben genannten Punkte sprechen alle dafür, als Bank möglichst schnell auf den „EDIFACT-Zug" aufzuspringen. Einige Überlegungen jedoch sprechen auch gegen EDIFACT:

3.5.4.1   *Aufwand*

- Die Einführung von EDIFACT kostet auf jeden Fall viel Geld. Manchmal sind andere Maßnahmen für die Bank dringender nötig als gerade die EDIFACT-Fähigkeit. Die Kosten (vgl. ausführliche Tabelle in Kapitel 4.5) setzen sich zusammen aus:[151]

  ⇒ Anschaffungskosten (Hard-, Software etc.)

  ⇒ interne Personalkosten

  ⇒ Schulungs- und Beratungskosten

  ⇒ erhöhte Gebühren

  ⇒ Wartung

  ⇒ sonstige Kosten (z. B. durch notwendige Umorganisationen aufgrund neuer Logistikkonzepte).

- EDIFACT kann nicht von heute auf morgen implementiert werden, da von der Umstellung nicht nur die EDV-Abteilung, sondern auch die gesamte Organisation und die Geschäftspartner betroffen sind.
- Prinzipiell ist die Anpassung bestehender Systeme an EDIFACT unproblematisch. Soll jedoch eine automatische Weiterverarbeitung durch Nutzung aller Möglichkeiten gewährleistet werden, müssen langfristig strukturelle und semantische Angleichungen vorgenommen werden, was wiederum Kosten verursacht.

---

[151]   Aus: Deutsch / EDI / S. 11

3.5.4.2   System und Nachrichten

- Bezüglich Erfolg, Praktikabilität und Marktdurchdringung sowie des Verbreitungsgrades von EDIFACT herrscht nach wie vor Unsicherheit. EDIFACT hat sich noch nicht so durchgesetzt, wie es sich die Entwickler gedacht haben. Manche Banken glauben nicht an die internationale Durchsetzung von EDIFACT, oder sie halten EDIFACT noch für zu jung und warten lieber das „Auskurieren" von etwaigen „Kinderkrankheiten" ab.

- Nach wie vor herrscht durch die Neuheit der Entwicklung eine unsichere Rechtslage bzgl. des Versandes und der Echtheit von via EDIFACT übermittelten Daten. Hier gibt es noch erhebliche Lücken, die vom Gesetzgeber und von den zuständigen Gremien zu schließen sind.[152]

- Die Akzeptanz von EDIFACT wird dadurch geschmälert, daß die genormten EDIFACT-Nachrichtentypen (im Gegensatz zu Branchenstandards) oftmals wieder modifiziert, angepaßt, verändert oder verworfen werden, wenn einzelne Nachrichtenentwicklungsgruppen individuelle Anforderungen einbringen.

- Die EDIFACT-Norm beschreibt zwar „hinreichend die formal-syntaktischen Aspekte eines Nachrichtentyps, jedoch nicht seine konkrete Benutzung respektive seine Semantik"[153]. So beruht die inhaltlich gleiche Interpretation der Nachrichten bei Bank und Kunde bisher auf aufwendigen bilateralen Vereinbarungen. Eine weitere Standardisierung in Form von konkreten Interpretationen der einzelnen Nachrichtenbausteine (sog. Conventions) ist nötig und wird auch schon von den beteiligten Organisationen angestrebt.

---

[152] Hilfestellung gibt hier der Deutsche EDI-Rahmenvertrag der Arbeitsgemeinschaft für wirtschaftliche Verwaltung e. V. (AWV), der die vertraglichen Beziehungen zwischen Kommunikationspartnern regelt, die elektronisch Nachrichten austauschen.

[153] Georg / EDIFACT / S. 83

3.5.5 Sicherheitsaspekte

Obgleich sich durch die Verwendung von EDI oder EDIFACT die Fehleranfälligkeit gegenüber Papierdokumenten erheblich verringert, gibt es doch auch hier Risiken, denen vorgebeugt werden muß. Die EDIFACT-Sicherheitsgruppe der MD4 Bankwesen nannte 6 Arten von Risiken bei der Datenübertragung mit EDIFACT[154]:

- Eine Nachricht kann verlorengehen oder wieder eingespielt werden.
- Eine Nachricht kann abgefangen und verändert werden.
- Ein Dritter kann vorgeben, der Absender einer Nachricht zu sein.
- Der Absender kann vorgeben, eine Nachricht nie versendet zu haben.
- Der Empfänger kann vorgeben, eine Nachricht niemals erhalten zu haben.
- Nachrichten können von einem Dritten gelesen werden.

Um diese Risiken auszuschließen, wird an verschiedenen Sicherheitsmethoden gearbeitet. Es handelt sich v. a. um die *digitale Unterschrift* (DU), die die meisten der Sicherheitsanforderungen erfüllt, den *MAC* (Message Authentication Code) und die *Smartcard*, die einen Chip mit Geheimzahlen einer Person/Organisation enthält. Zur Risikovermeidung leisten diese Methoden unterschiedliche Beiträge:

Risiko	DU		MAC		Sequenz-nummer	Verschlüs-selung
Eine Nachricht kann verlorengehen oder wieder eingespielt werden	☑	oder	☑	+	☑	
Eine Nachricht kann abgefangen und verändert werden	☑	oder	☑			
Ein Dritter kann vorgeben, der Absender einer Nachricht zu sein	☑	oder	☑			
Der Absender kann vorgeben, eine Nachricht nie versendet zu haben	☑					
Der Empfänger kann vorgeben, eine Nachricht niemals erhalten zu haben						
Nachrichten können von einem Dritten gelesen werden						☑

Abbildung 27 - Lösungen für Sicherheitsrisiken [155]

Da die möglichen Risiken bei der Bank jedoch denen auf der Seite der Kunden gleichen, sei an dieser Stelle auf das Kapitel 4.6.3 verwiesen, in dem eine ausführlichere Darstellung aus der Sicht der Kunden erfolgt. Die meisten dieser Probleme können auch analog auf die Banken übertragen werden.

---

[154] Dosdale / Die Sache mit der Sicherheit bei EDIFACT / S. 56
[155] Quelle: Dosdale / Die Sache mit der Sicherheit bei EDIFACT / S. 58

4   DIE SEITE DER KUNDEN

4.1   *Einführung*

Ein Unternehmen hat verschiedene Schnittstellen zur Kommunikation mit der Außenwelt. Neben Auftragsabwicklung, Versand und Materialwirtschaft ist dies auch die Verwaltung und damit verbundene Beziehungen zu Banken und Versicherungen, die ein gewöhnlicher Geschäftsablauf in jedem Fall erfordert. Man kann davon ausgehen, daß jedes Unternehmen diese Beziehungen unterhält, da der Zahlungsverkehr, das Kreditwesen und die verschiedensten Versicherungen zum Betrieb eines Unternehmens dazugehören. Der notwendige Datenaustausch bei Transaktionen auf diesem Gebiet verursacht auf traditionelle papiergebundene Weise viele unnötige wiederholte Dateneingaben, damit verbundene Erfassungsfehler und hohe Kosten für Papier, Porto und Versand. Mit dem elektronischen Datenaustausch dagegen entfallen diese Nachteile, die Kommunikation erfolgt schneller und einfacher und das Unternehmen kann Wettbewerbsvorteile realisieren.

Viele kleine und mittlere Unternehmen beginnen jedoch erst auf besonderen Wunsch ihrer Großkunden mit dem unternehmensübergreifenden Datenaustausch. Vor allem bei den Banken sind es hauptsächlich die Kunden mit einem großen Volumen an Zahlungsaufträgen, die nach erfolgter Einführung elektronischer Kommunikation in anderen Geschäftsbereichen auch ihre Bank in diese einbeziehen wollen.

Aber für jeden neuen Anwendungsbereich müssen Komponenten beschafft und EDI-Know-how erworben werden. So müssen die gesamten Anforderungen zusammengestellt, die EDV-Infrastruktur angepaßt und die notwendigen Softwaretools angeschafft werden.[156] Oftmals wird jedoch die dringende Notwendigkeit von Pilotprojekten von der Unternehmensleitung bzw. den Verantwortlichen nicht erkannt. Auch ein ausgeprägtes Kostenbewußtsein, knappe Personal-Ressourcen oder enge Projektzeiträume erschweren die Einführung eines Pilotprojektes und führen zu einer Entscheidung zugunsten anderer Maßnahmen.[157]

---

[156] Deutsch / EDI / S. 10
[157] stratEDI / Prospekt

4.2   Einsatzgebiete

In den allermeisten Fällen beginnen vor allem die großen Unternehmen nicht mit EDIFACT im Zahlungsverkehr. Den Anfang machen die Geschäftsbereiche Warenwirtschaft und Logistik, wo umfangreiche Kommunikation mit Lieferanten, Zulieferern und Spediteuren nötig ist. Erst nach Einführung in diesen Bereichen wird aus Rationalisierungs- und Kostenreduktions-Gedanken der Zahlungsverkehr dazugenommen. Auf der Seite der Kunden sieht der EDIFACT-Einsatz so aus, daß Zahlungsaufträge, meist viele zusammengefaßt in einer Datei, elektronisch mittels PAYORD bzw. PAYEXT (in Zukunft: PAYMUL) an die Bank verschickt werden.

In der Versicherungsbranche dagegen sieht die Struktur etwas anders aus. Hier ist es vielmehr die umfangreiche Kommunikation zwischen Versicherungsmaklern, Versicherern und evtl. Zwischendiensten (z. B. VDV), die optimiert werden muß. Hier erfolgt bisher ein papiergebundener Austausch und nur im Ansatz elektronische Übertragung. EDIFACT wird hier bisher nur in einem Pilotprojekt realisiert, das die Datenübertragung zwischen Versicherer (ALLIANZ Versicherungs AG) und VDV betrifft. Die Kommunikation mit dem Privatkunden ist aufgrund des geringen Volumens nicht für den EDIFACT-Einsatz geeignet

4.3   Beschreibung des Systems

4.3.1   Technik

Die Kunden benötigen für den Einsatz von EDIFACT-Nachrichten einen Konverter, der die ein- und ausgehenden EDIFACT-Nachrichten in das jeweilige Inhouse-Format konvertiert. Denn nach wie vor werden intern noch andere, herkömmliche Formate verwendet, um den Aufwand für Pilotprojekte gering zu halten.

Bestehende Daten, z. B. Verwendungszweck für die Zahlung oder Versicherungsdaten, werden in eine Inhouse-Format-Datei integriert. Diese wird vom Konverter in eine EDIFACT-Datei umgewandelt und über das Netz an die Bank oder Versicherung geschickt. Umgekehrt werden von der Bank oder Versicherung Dateien empfangen und zur internen Weiterverarbeitung wiederum konvertiert.

4.3.2   Nutzung von Clearing Centern

Clearing Center werden von den Banken und Versicherungen angeboten, damit kleine und mittlere Unternehmen ohne große Investitionen in Hard- oder Software per EDI kommunizieren können[158] und eine komfortable Anbindung an den nationalen und internationalen Nachrichtenverkehr finden.

Die Clearing Center nehmen den Kunden sämtliche Kommunikations- und Konvertierungsaufgaben ab und verwalten sie zentral. Das heißt, daß der Kunde mit einer physikalischen Verbindung zur Bank alle an EDI angeschlossenen Geschäftspartner (ohne daß diese es bemerken) in allen, meist branchenabhängigen EDI-Formaten erreichen kann und keine einzelnen Punkt-zu-Punkt-Verbindungen (direkter Austausch von Daten zwischen zwei oder mehreren Unternehmen) mehr benötigt. Er ist durch das Zwischenschalten des Clearing Centers bei Benutzung eines beliebigen eigenen Formates voll kompatibel zu allen anderen Standards. Seine Aufwendungen sowohl im organisatorischen Bereich wie auch für Hard- und Software werden minimiert und er kann aus dem Erfahrungsschatz der Bank bzgl. EDIFACT schöpfen.

Über den Kommunikationsservice hinaus bieten Clearing Center in der Regel eine ganze Reihe anderer Dienste wie z. B. Archivierung oder Transport in andere Netze an. Diese zusätzlichen Leistungen von Clearing Centern sowie die dadurch möglich werdenden Angebote der Bank wurden bereits in Kapitel 3.4.1.3.2 beschrieben.

---

[158]   Auch große Unternehmen nutzen Clearing Center im Rahmen von Make-or-buy-Entscheidungen, siehe Güc / Komplexe Technik einfach bedienen / S. 38

4.4   Externe Unterstützung

Gerade wenn eine Bank oder Versicherung seine Kunden zum elektronischen Datenaustausch mit EDIFACT veranlassen möchte, werden hierfür oftmals Beratungsleistungen zur Verfügung gestellt. Dies ist vor allem nötig, wenn dieser Kunde EDIFACT auch noch nicht in anderen Geschäftsbereichen eingeführt hat. Hier ist aktive Unterstützung notwendig, die den Partnern in Form von EDI-Software oder externen Beratungsleistungen gewährt werden kann.[159]

Allgemein wurde in Studien ein großes Interesse an externer Unterstützung zur Ergänzung des eigenen Know-hows und/oder zur Schonung eigener Kapazitäten festgestellt.[160] Wichtig ist, daß hierfür *neutrale* Berater zur Verfügung stehen, die speziell auf den Kunden zugeschnittene Empfehlungen und Hilfen geben können.

Haben Großunternehmen, die ja in der deutschen Wirtschaft im Gegensatz zu den Banken die eigentlichen EDI-Promoter sind, EDIFACT bereits eingesetzt, so verfügen sie i.d.R. über ein großes EDIFACT-Know-how. Zur Ausschöpfung des Nutzenpotentials und zur Kostenreduzierung forcieren sie den Einsatz von EDI mit ihren Geschäftspartnern auch auf anderen Gebieten.

Auch hier sind oftmals externe Spezialisten gefragt, um die Geschäftspartner in die betrieblichen Geschäftsabläufe zu integrieren. Diese externen Berater besitzen aufgrund ihrer fachlichen Kompetenz und Neutralität das Vertrauen der Geschäftspartner und fördern in erheblichem Maße deren EDI-Akzeptanz.[161]

---

[159] Deutsch / EDI / S. 10
[160] In der Studie der ESG gaben 87 % der befragten Unternehmen an, gerne auf fundierte Beratung zurückgreifen zu wollen; vgl.: ESG / Spielwiese oder Basis für den Erfolg / S. 70
[161] stratEDI / Prospekt

4.5   Kosten

Die Kosten, die auf der Seite der Kunden entstehen, sind abhängig von den bereits existierenden Systemen und Anwendungen. Grundsätzlich jedoch setzen sich die Kosten für die Einführung von EDIFACT aus folgenden Komponenten zusammen:

Feste einmalige Kosten	Laufende fixe Kosten	Laufende volumen-abhängige Kosten
Anschaffung der Hardware	Miete für Hardware, Wartung	
Anschaffung der Software	Miete für Software, Wartung	
Kommunikationseinrichtungen	monatliche Anschlußkosten	Übertragungsgebühren
Eintrittsgebühr in VAN	Miete für ein VAN	Gebühren nach Benutzung
Bürotechnische Ausstattung	Raummiete	
Schulungen für EDI-System, Support	Wartungsvertrag für EDI-System	
Ausbildung der Mitarbeiter	Fortbildung der Mitarbeiter	
Personalkosten für Projekt	Personalkosten für Betreuung des EDI-Betriebes	
Eintrittskosten in EDI-Vereinigungen	Mitgliedsbeitrag in EDI-Vereinigungen	
Umorganisation	erhöhte Kosten nach Umorganisation	
Fachbücher	Zeitschriften	

Abbildung 28 - Kosten für EDI [162]

Um die Kosten für die Einführung von EDI, besonders in kleineren Unternehmen, möglichst gering zu halten, bieten sich verschiedene Maßnahmen an:[163]

- Bildung von Interessengemeinschaften in Form von Arbeitskreisen[164]
- Bereitstellung von Beratungsleistungen zur internen Anforderungsdefinition
- gemeinsame Informations- und Schulungsveranstaltungen
- gemeinsame Auswahl von EDI-Software
- stufenweise Einführung
- gemeinsame Nutzung kostengünstiger Übertragungsmedien
- Nutzung der bereits gemachten Erfahrungen innerhalb der Branche oder im Anwenderkreis.

---

[162] Nach: Deutsch / EDI und Kosten / S. 44
[163] Aus: Deutsch / EDI / S. 10
[164] Für diese Koordinierungsfunktionen sind v.a. die verschiedenen Unternehmens- oder Branchenverbände geeignet, aber auch die DEDIG hilft bei der Gründung solcher Gemeinschaften, um mit anfänglichem Know-how-Aufbau die gemeinsame Projektinitiierung zu erleichtern; vgl. Deutsch / EDI / S. 11

4.6   Bewertung

4.6.1   Vorteile

Die elektronische Abwicklung des Zahlungsverkehrs mittels EDIFACT bietet auch den Kunden der Bank eine Reihe von Vorteilen. Sie gleichen im wesentlichen denen der Bank Versicherung, die in Kapitel 3.5.3 bereits beschrieben wurden. Kundenspezifische Vorteile sind außerdem:

4.6.1.1   Geschäftsablauf

- Der Aufwand für den Zahlungsverkehr wird reduziert, Vorgänge können „jederzeit" (Just-in-time) ausgelöst werden, alle Währungen können verwendet werden.

- Die allgemeine Durchlauf- und Bearbeitungszeit der Zahlungsvorgänge wird reduziert.

- EDIFACT ermöglicht die Entwicklung neuer internationaler Vertriebsmethoden wie z. B. die weltweite Anwendung von Just-in-time-Verfahren[165].

- Der Bankverkehr erfolgt weitgehend papierlos und dadurch sicherer, schneller und umweltschonender. Die Nachrichten können jederzeit verfolgt werden, außerdem existieren Sicherheitsmechanismen im System, die Vollständigkeit und Richtigkeit der Angaben überprüfen.

- Es ergeben sich enorme Arbeitszeiteinsparungen, die Zahl der benötigten Mitarbeiter sinkt und Personal-/Verwaltungskosten werden gesenkt.

- Da die Umstellung auf UN/EDIFACT für die Bank langfristig zu Kostensenkungen führt, wird die ZV-Abwicklung auch für die Kunden günstiger.

- Durch vielfältige Konvertierungsservices entsteht ein Höchstmaß an Flexibilität bei der Abwicklung des Zahlungsverkehrs.

- Die Kunden erhalten die Chance eines gezielten Outsourcing von Routineprozessen.[166]

---

[165]   Dabei ist gemeint, Just-in-time neben dem traditionellen Bereich der Logistik auch allgemein zur präzisen Informations- und Datenbereitstellung zu nutzen; vgl. Güc / EDI als Wettbewerbsfaktor / S. 88

[166]   Ong / EDI und EDIFACT / S. 11

4.6.1.2   Cash-Management

- Zu- und Abgänge werden sofort sichtbar. Diese schnellere Verfügbarkeit von Informationen über Zahlungseingänge bildet den Ansatz für ein effizienteres Cash-Management.

- Der monetäre Zahlungsstrom erfolgt schneller, was eine Abnahme des durchschnittlichen Forderungsbestandes und des Kapitalbedarfs hervorruft.

- Ein (halb-)automatischer Abgleich zwischen der „Offenen-Posten-Buchhaltung" und den Zahlungseingängen kann realisiert und Fehler durch manuelle Datenerfassung vermieden werden.

- Das Zusammenspiel von Logistik, Cash-Management und anderen Bereichen des Unternehmens wird erheblich verbessert.

- Wichtige Informationen für ein optimales Cash-Management sind jederzeit verfügbar, wodurch eine zeitnahe Finanzdisposition und damit größere Dispositionsfreiheit entsteht.

4.6.1.3   Informationen

- Handlungsrelevante Daten stehen durch schnellere Übermittlung und Verarbeitung (Integration des Informationsflusses) frühzeitiger zur Verfügung, der Informationsstand wird verbessert und Entscheidungsprozesse können im Unternehmen in großem Maße unterstützt, beschleunigt und rationalisiert werden.

- Lieferantenkreditrahmen können durch schnellere Informationsbereitstellung besser überwacht werden (Risikosenkung).

- Medienbrüche zwischen Rechnungswesen- und Zahlungsverkehrs-Systemen können unter Vermeidung von Daten-Mehrfacherfassung und Fehlerquellen beseitigt werden.

4.6.1.4   Wettbewerb

- Da die UN/EDIFACT-Infrastruktur jederzeit zusätzlich für Anwendungen auf anderen Gebieten genutzt werden kann (Investitionsschutz), realisieren die Kunden auf lange Sicht entscheidende Wettbewerbsvorteile gegenüber anderen Unternehmen. Dazu gehört, daß sie einerseits bei der Lieferantenauswahl bevorzugt werden, andererseits selber z. B. ihre Kundenzufriedenheit durch schnelle Abwicklung und Lieferung (JIT) steigern können.

- Die Markttransparenz wird erhöht und dadurch die Kommunikations- und Reaktionszeit auf dem Markt erheblich verkürzt.

- Es findet eine interorganisatorische Leistungserhöhung statt.[167]

- Ein EDIFACT-fähiges Unternehmen kann langfristig seine Existenz sichern und für eine aktive Zukunftssicherung sorgen.

4.6.2   Nachteile

Die wenigen Nachteile bzw. Einschränkungen, die EDI/EDIFACT mit sich führt, wurden bereits im Kapitel 3.5.4 ausführlich beschrieben. Für die Seite der Kunden treffen diese genauso zu wie für die Banken und Versicherungen.

4.6.2.1   Aufwand

- Die Einführung von EDIFACT bedingt weitreichende Umstellungen und Anpassungen der bereits bestehenden EDV-Programme (bspw. Finanz- und Lohnbuchhaltung). Ein EDIFACT-Pilotprojekt gleicht einem Reorganisations-Problem in größerem Umfang als übliche unternehmensinterne Projekte.[168]

- Viele Unternehmen scheuen noch den Aufwand für grundlegende Veränderungen. Der oft schon geplante Einstieg in den Zahlungsverkehr mit EDIFACT wird dann aufgrund der angespannten Wirtschaftslage zugunsten unmittelbar wirksamer Rationalisierungsmaßnahmen verschoben.[169]

- Es entstehen, wie auch bei der Bank, hohe Kosten bei der Einführung von EDIFACT. Diese gleichen denen der Bank und wurden bereits in Kapitel 4.5 detailliert beschrieben.

---

[167] Oppelt, Nippa / EDI-Implementierung in der Praxis / S. 56
[168] Bumba / EDI in logistischen Leistungsketten / S. 167
[169] ESG / Spielwiese oder Basis für den Erfolg / S. 66

4.6.2.2   Konsequenzen

- Der Kunde muß seine Geschäftsabläufe komplett umorganisieren, wenn er den vollen Nutzen von EDIFACT z. B. durch automatische Weiterverarbeitung erreichen will.

- Da diese Neuorganisation oftmals mit dem Ziel einer „lean administration" und Rationalisierung durchgeführt wird, kann es zu Abbau von Arbeitsplätzen führen.

4.6.2.3   Wettbewerb

- Da Großabnehmer/-lieferanten bei erfolgter EDIFACT-Einführung ständig bemüht sind, den EDIFACT-Nutzen durch Ausdehnung auf immer weitere Geschäftsbereiche zu maximieren und im Ergebnis eine vollautomatische Bearbeitung zu erreichen, zwingen sie oftmals kleinere Kunden, EDIFACT in der Zahlungsabwicklung und im Rechnungswesen einzuführen. Durch diesen Druck werden kleinere Firmen ohne Berücksichtigung der finanziellen Situation zur Investition gezwungen.

- Es entstehen Wettbewerbsverschärfungen durch die Bevorzugung EDIFACT-fähiger Unternehmen sowie wirtschaftliche Abhängigkeiten, wenn ein Unternehmen EDIFACT auf Wunsch eines Großkunden einführt und dadurch in dessen Abhängigkeit gerät.

4.6.2.4   Nachrichten und System

- Aufgrund der schleppenden Verbreitung herrscht Unsicherheit über den langfristigen Erfolg bzw. Verbreitungsgrad des EDIFACT-Systems.

- Zudem empfinden viele Anwender die Struktur von EDIFACT-Nachrichten aufgrund der vielen integrierten nationalen Anforderungen als zu umfangreich und komplex und viele Segmente als unnötig. Auch wird oft über die Zulässigkeit von freien Texten innerhalb der Nachrichten diskutiert, die eine getrennte manuelle Erfassung nötig machen.

4.6.3   Sicherheitsaspekte

4.6.3.1   Risiken bezüglich der Kommunikation

Obgleich bei der Übertragung von Zahlungsaufträgen mit EDI und EDIFACT weitaus weniger Fehler vorkommen als bei der herkömmlichen Papierbearbeitung, können doch auch hier bezüglich der Kommunikation[170] die verschiedensten Risiken[171] entstehen und zu erheblichen Problemen führen.

Zunächst ist es immer möglich, daß die Bearbeiter der ausgehenden Zahlungsaufträge zur Bank das System falsch bedienen oder keine ausreichenden Kenntnisse über EDIFACT haben (dadurch können Nachrichten auch fehlgeleitet werden oder unvollständig ankommen). Auch durch die Implementation von neuer Software können Störungen im EDV-System auftreten.

Da jedoch in den meisten Fällen die Zahlungsaufträge wie gewohnt im Inhouse-Format erstellt und erst danach in EDIFACT konvertiert werden, ändert sich für die Bearbeiter durch die nachgelagerte Konvertierung nichts (analog werden bei der Bank die eingehenden EDIFACT-Zahlungsaufträge erst in Inhouse konvertiert und dann bearbeitet).

Anders sieht es aus, wenn unbefugten Dritten Kennwörter oder Schlüssel verraten werden bzw. diese auf kriminelle Weise beschafft werden. Damit ist es möglich, beliebige Zahlungsanweisungen zu versenden und auch die Kontrolle bspw. durch die elektronische Unterschrift zu umgehen, wenn auch die Kennwörter oder -zahlen hierfür preisgegeben werden.

Technisch sind auch vielfältige andere Störungen der Übertragung möglich wie z. B. unbefugtes Mitlesen von Nachrichten (über das System oder den Bildschirm), Abhören von unverschlüsselten Nachrichten oder Ausfälle von Knotenrechnern, Netzzentralen oder Endgeräten (z. B. durch Brand, Wassereinbruch, Stromausfall oder fehlende Ersatzteile/Wartung).

---

[170]   Vgl.: Jonas / Datenfernübertragung / S. 283 ff.
[171]   Vgl.: Jaburek / Risiken elektronischer Datenübermittlung / S. 73 ff.

Da auch die Technik nicht ohne Störungen funktioniert, läßt es sich nicht vermeiden, daß Daten auf dem elektronischen Übertragungsweg unbeabsichtigt verändert werden. Anhand der Übertragungsprotokolle sollten jedoch die aufgetretenen Fehler von Software oder Modems erkannt und automatisch korrigiert werden.

Als Beispiel sei hierzu das genormte X.25-Protokoll genannt, daß bei Übertragung der Daten mit Telebox-400 mit Hilfe der beiden Industriestandards XMODEM und MNP (Microcom Networking Protocol) Fehler automatisch entdeckt und berichtigt.

Diese Protokolle helfen jedoch nicht, wenn Teile bereits empfangener Daten verloren gehen oder doppelt empfangen werden, bspw. wenn während der Übertragung die Telefonverbindung zusammenbricht oder der PC aufgrund einer Stromunterbrechung ausfällt. In diesem Fall ist es schwierig, genau da wieder anzusetzen, wo die Übertragung unterbrochen wurde, und so kommt es häufig zu Doppelerfassungen (z. B. bei kompletter Neuerfassung) oder Datenverlusten.

Da ein manuelles Wiederaufsetzen durch die Bedienpersonen unsicher und unzuverlässig ist, werden hierzu automatisierte Verfahren empfohlen. So bedienen sich z. B. Teletex oder Message Handling (X.400) der genormten Protokolle der OSI-Schicht 5, durch die laufend Checkpoints, d.h. logische Prüfpunkte, ausgetauscht werden und so nach einer Unterbrechung der Wiederaufnahmepunkt klar definiert werden kann.

Die Sicherheit kann weiterhin dadurch erhöht werden, daß Nachrichten nach der erfolgreichen Mitteilung nicht sofort gelöscht werden, sondern nur der Status geändert wird (z. B. von „ungelesen" in „gelesen"). So entsteht ein zusätzlicher Sicherheitspuffer und der Kunde kann bei einem Übertragungsfehler erneut auf die Nachricht zugreifen.

4.6.3.2   Risiken bezüglich der Nachverarbeitung

Obwohl es nur äußerst selten vorkommt, können jedoch auch von der Nachbearbeitungs-Software Daten doppelt oder überhaupt nicht bearbeitet werden. Das ist auf Fehlbedienungen einerseits auf der Absenderseite (doppelter oder vergessener Programmstart) und andererseits auf der Empfängerseite (Daten werden gelöscht oder überschrieben) zurückzuführen. Um dem vorzubeugen, erhalten EDIFACT-Nachrichten eine Übermittlungsfolge-Nummerierung[172], anhand derer überprüft werden kann, ob Nachrichten bereits empfangen wurden oder fehlen.[173]

Anhand dieser Nummer kann auch überprüft werden, ob die empfangene Nachricht echt ist. Denn ein krimineller Absender dürfte wohl kaum die logisch folgende Übermittlungsnummer genau treffen. Computerkriminalität kann auch dadurch vermieden werden, daß die Absenderadresse vom jeweiligen System automatisch eingefügt wird und somit nicht verfälscht werden kann.

4.6.3.3   Beispiel: Elektronische Unterschrift

Die meisten Kunden, die EDIFACT anwenden, denken daran, in Zukunft die elektronische Unterschrift (EU) als Sicherheits-Methode zu verwenden, sobald diese für EDIFACT verfügbar ist. Bisher erfolgt die Kontrolle und Fehlerüberprüfung hauptsächlich noch mit einem Dateibegleitzettel, was jedoch dem Rationalisierungziel und dem erhofften Nutzen von EDIFACT widerspricht.

Eine elektronische Unterschrift sorgt dafür, daß ein Ursprungs (Origin Authentication)- und Unversehrtheitsnachweis (Data Integrity) geführt werden kann. Da eine solche Unterschrift immer vom unterschriebenen Inhalt abhängig ist und auf Basis kryptografischer Funktionen aus den unterschriebenen Daten errechnet wird, kann der Empfänger durch Nachrechnen seinerseits die Unterschrift ermitteln und vergleichen. Traten Übermittlungsfehler auf oder ist die Nachricht verändert, so stimmen diese Unterschriften nicht überein. Stimmen sie jedoch überein, so ist ein Nachweise erbracht, daß die Nachricht echt und authentisch ist.

---

[172] Sie befindet sich im Kopfsegment einer EDIFACT-Nachricht.
[173] Auch bei ELFE wird ab der ersten Übertragung, für jeden Empfänger getrennt, lückenlos nummeriert.

Zur Erstellung der EU wird der Zahlungsauftragstext auf einen kurzen Abschnitt „zusammengequetscht" und diese Zeichenfolge mit Hilfe eines speziellen Verfahrens und einer persönlichen Geheimnummer verschlüsselt und zusammen mit dem Text verschickt. Der Empfänger kann die Gültigkeit mit einem Entschlüsselungsverfahren überprüfen. Jede Veränderung des Dokumentes führt zu einer anderen EU, weshalb man zur Textmanipulation auch die EU fälschen müßte.[174]

Die elektronische Unterschrift im Bankenbereich, die unter BCS (Banking Communication Standard) nur auf Datei-Ebene geleistet werden kann, ist auch für EDIFACT nur auf Interchange-Ebene möglich.[175] Zur Zeit wird im Bundesjustizministerium an einer Gesetzesinitiative gearbeitet, die die digitale der handschriftlichen Signatur gleichstellt und die technischen Anforderungen festlegt.[176]

4.6.3.4 Rechtliche Aspekte

Wie auch beim DTA oder anderen EDI-Methoden entstehen oft Probleme damit, wann eine Nachricht als Willenserklärung anzuerkennen ist. Außerdem muß für eine Rechnung im umsatzsteuerlichen Sinne immer eine Urkunde vorliegen. Bei herkömmlichen Papierrechnungen lassen sich Manipulationen und Änderungen leicht feststellen, was bei elektronisch gespeicherten Daten, außer mit der EU, nicht möglich ist.

Das Finanzamt verlang daher eine Urkunde, in der „der leistende Unternehmer alle innerhalb eines Zeitraumes elektronisch übermittelten Rechnungen als Sammelabrechnung mit Stempel und Unterschrift bestätigt" [177]. Die Finanzbehörden bestehen z. B. auf die Sammelabrechnung der Telekom und erkennen nur damit die elektronisch übermittelten Einzelabrechnungen an. Die gespeicherten Rechnungen müssen für das Finanzamt (innerhalb einer gewissen Frist) jederzeit einlesbar und der gesamte Ablauf des elektronischen Datenaustauschs überprüfbar sein. Beim elektronischen Datenaustausch sind weiterhin die handelsrechtlichen Vorschriften sowie die (steuerrechtlichen) Grundsätze ordnungsgemäßer Speicherbuchführung maßgeblich. Oft besteht Unklarheit, wie Risikoverteilung und Haftung geregelt sind, und zudem weisen Kommunikationssysteme oft Mängel im Strafrechtsschutz auf.

---

[174]   Heuser / Nachgefragt / S. 46
[175]   Rauch, Deeg / EDIFACT im Bankbereich / S. 6
[176]   Heuser / Nachgefragt / S. 46
[177]   Jonas / Datenfernübertragung / S. 290 f.

5   PILOTPROJEKTE BEI

BANKEN UND VERSICHERUNGEN

5.1   Einführung

Wie schon unter 3.2.1 erwähnt, ist die Arbeit der EDIFACT-Normungsgruppen für den Finanzbereich im Sektor Zahlungsverkehr am weitesten fortgeschritten. Hierfür stehen die meisten einsatzfähigen Nachrichten heute schon zur Verfügung. Der Einsatz dieser Nachrichtentypen wird derzeit in Pilotprojekten getestet, von denen einige ausgewählt im folgenden beschrieben sind.

Die meisten Aktivitäten finden dabei in den Ländern statt, die keinen nationalen EDI-Bankenstandard entwickelt und verwendet haben, wie z. B. Großbritannien. Im Gegensatz dazu nehmen die Bankkunden in Deutschland, wo mit DTA ein EDI-Standard für Zahlungsaufträge und Lastschriften bereits seit längerem existiert und angewendet wird, eine eher abwartende Haltung gegenüber dem EDIFACT-Einsatz im Zahlungsverkehr ein. Die Industrie richtet ihr Augenmerk vielmehr auf die Anwendung von EDIFACT im Bereich des Bestellwesens zwischen Kunden und Lieferanten.

Da bei den Banken in den Pilotprojekten meist auf den bestehenden Verfahren aufgesetzt wird, ist neben der Realisierung eines zusätzlichen EDIFACT-Systems die Integration dieses Systems in die bestehende Infrastruktur der Banken von großer Bedeutung.[178]

Es ist außerdem zu erwähnen, daß die ersten Pilotprojekte für den Zahlungsverkehr mit EDIFACT meist in sogenannten „Dreier-Beziehungen" realisiert werden, die bereits im Kapitel 3.2.1.1 angesprochen wurden. Sie sind dadurch gekennzeichnet, daß Auftraggeber und Begünstigter ihre Kontoverbindung bei der gleichen Bank haben (siehe Abbildung 29).

---

[178] Rauch, Deeg / EDIFACT im Bankbereich / S. 5

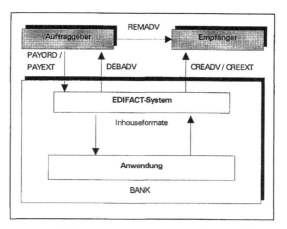

Abbildung 29 - "Dreier-Beziehung" im Zahlungsverkehr [179]

Bei den Versicherungen erfolgt der Umstieg auf EDIFACT eher schleppend. bisher ist nur ein einziges Pilotprojekt produktiv gestartet worden. Die weitere Entwicklung von Nachrichtentypen für den Versicherungsbereich wird jedoch aktiv vorangetrieben.

5.2   Banken

5.2.1   Allgemeine Vorgehensweise

Die folgenden Angaben sind aus verschiedenen Quellen und persönlichen Interviews zusammengestellt worden und können so einen Überblick darüber geben, wie EDIFACT im allgemeinen eingeführt und diese Pilotprojekte bewertet werden. Diese Angaben können als Anhaltspunkt für die meisten Großbanken bezüglich der Umstellung auf EDIFACT dienen.

---

[179]   Rauch, Deeg / EDIFACT im Bankbereich / S. 2

5.2.1.1   Einsatzgebiete

Bei vielen Banken wird der Zahlungsverkehr schon sehr lange (ca. 20 Jahre) elektronisch abgewickelt (DTA im Inlands-ZV, S.W.I.F.T. im Auslands-ZV). Ein Großteil des Zahlungsverkehrs findet derzeit beleglos statt, und der beleghafte Zahlungsverkehr ist weiterhin stark rückläufig (z. B. sind dabei keine Verwendungszweckangaben oder Angaben zur Rechnung möglich).

Erst vor wenigen Jahren jedoch begann man im Rahmen von Pilotprojekten mit der Einführung von EDIFACT. Meist wurden pragmatische Ansätze gewählt, wobei Feinheiten, die die Projekte nochmals verzögert hätten wie z. B. elektronische Unterschrift, zentrale Kommunikationsserver oder bessere Archivierungsmethoden weggelassen wurden und erst nach und nach realisiert werden.

Anlaß zur Umstellung des Zahlungsverkehrs waren vor allem verstärkte Anfragen von Großkunden, die nach erfolgter Einführung von EDIFACT in Bestell- und Rechnungswesen auch die Kommunikation mit der Bank auf EDIFACT umstellen wollten. Aber auch durch S.W.I.F.T. und Fachpublikationen, wo das Thema ja schon seit vielen Jahren „herumgeistert", wurde man auf EDIFACT aufmerksam. Zudem waren die Banken bemüht, auch in bezug auf die Konkurrenz und die Geschäftspartner die eigene Marktposition zu erhalten und auszubauen.

In den allermeisten Fällen beginnen die Firmen mit EDIFACT bei den Transaktionen mit den Zulieferern. Hier liegt ein großes Nutzenpotential, während die Anwendung für den Zahlungsverkehr nur ein sehr geringes Volumen darstellt und daher erst im letzten Schritt erfolgt.

Aus diesem Grund können auch die Kosten für die Kunden, die ansonsten ungefähr mit denen der Bank vergleichbar wären, nicht getrennt betrachtet werden und möglicherweise viel höher liegen.

5.2.1.2   *Großkunde SIEMENS*

Häufig war das Großunternehmen SIEMENS, das ja schon vor vielen Jahren die strategische Entscheidung zur umfassenden Nutzung von EDIFACT getroffen hat, der erste Kunde, der (schon vor 3 bis 4 Jahren) an die Banken mit dem Wunsch des Gesamtaufbaus des EDIFACT-Zahlungsverkehrs herantrat. Zu dieser Zeit war EDIFACT bei SIEMENS im Warenwirtschaftsbereich bereits lange im Einsatz.[180]

SIEMENS verfolgt das Ziel, bis zum Ende des laufenden Geschäftsjahres am 30. September 1995 mindestens 90 % aller ausgehenden Zahlungen an Lieferanten mit EDIFACT abzuwickeln.[181] Für die Banken ist besonders von Vorteil, daß mit SIEMENS automatisch viele Lieferanten und Zulieferer integriert werden.

Von den monatlichen 1,5 Mio. Zahlungsaufträgen werden derzeit 99,9 % beleglos per DFÜ eingereicht; den kleinen Rest machen valutagebundene Inlandszahlungsaufträge, Kontoübertragsbuchungen (müssen schriftlich bestätigt werden) und Auslandszahlungen in exotischen Währungen aus, die immer noch direkt abgegeben werden müssen. Zusätzlich zu den 150 Kunden und Lieferanten, mit denen per EDIFACT kommuniziert wird, erhalten deutsche Banken Lieferantenzahlungsaufträge von SIEMENS ausschließlich im EDIFACT-Format.

SIEMENS verfolgt mit seinen Großprojekten das Ziel, sowohl intern als auch mit Banken und Lieferanten EDIFACT im Zahlungsverkehr einen starken Startimpuls zu geben und gleichzeitig einen Anstoß für den Aufbau einer EDIFACT-Infrastruktur bei Banken sowie Kunden und Lieferanten zu leisten.[182] Weitere strategische Ziele sind:

---

[180] Vgl.: Ambron / Commerzbank / S. 52
[181] Vieser, Mannhardt, Michl / Bei Siemens ist Financial EDIFACT bereits Wirklichkeit / S. 24
[182] Vieser, Mannhardt, Michl / Bei Siemens ist Financial EDIFACT bereits Wirklichkeit / S. 24

EDIFACT-Standard und INHOUSE-Strukturen verbinden	Durch die gemeinsame Definition von EDIFACT-Subsets mit Banken und Industrie ist einerseits ein Produktivbetrieb mit deutschen Banken schnell möglich gewesen und steht andererseits für alle zukünftigen Erweiterungen ein neutrales DATA-Dictionary zur Verfügung, das innerhalb von SIEMENS für alle Schnittstellen bei INHOUSE-EDIFACT im Finanzbereich als Grundlage dient.
Erzeugung von EDIFACT direkt aus INHOUSE-Verfahren	Durch die detaillierte Vorarbeit im Logistikbereich können die internen Formate und Felder der Kontokorrent-Verfahren zügig auf die EDIFACT-Definitionen im DATA-Dictionary übergeleitet werden.
Integration der vorhandenen SAP-Verfahren	Mit der Konvertersoftware von SIEMENS Nixdorf aus dem Mainframe-Bereich für SAP-R/2 und unter UNIX für SAP-R/3 können die SAP-Schnittstellen im IDOC (Intermediate-Document)-Format als einheitliches Verständigungs- und Transportmittel vor der eigentlichen EDIFACT-Verarbeitung genutzt werden.
zentrale Zahlungsverkehrs-abwicklung	Gleichzeitig mit den EDIFACT-Aktivitäten wurden alle ausgehenden Zahlungsströme des Konzerns sowohl technisch als auch dispositiv im Finanzbereich in München zentralisiert.
automatische Integration in das zentrale Cash-Management	Durch die zentrale Abwicklung wird neben einer Verkürzung der Banklaufzeit auch eine Basis für einen vollintegrierten Ablauf im Finanzbereich geschaffen.

Abbildung 30 - EDIFACT-Ziele bei SIEMENS [183]

Da ausländische Banken z. B. in Skandinavien, der Schweiz oder England heute schon EDIFACT-fähig sind, hat SIEMENS auf lange Sicht mit EDIFACT das Ziel, weltweit alle Banken mit *einem* Format ansprechen zu können.

Die derzeitige Verwendung der beschränkten Subsets stellt lediglich eine Übergangslösung auf dem Weg zu einem unbeschränkten und international einsetzbaren EDIFACT-Format dar. Aus FINPAY, PAYMUL und CREMUL werden weitere Rationalisierungspotentiale erwartet.[184]

Außerdem wird eine einheitliche Lösung zur elektronischen Unterschrift entwickelt, wozu das asymmetrische RSA-Verfahren eingesetzt werden soll, das auf einer Kombination aus einem geheimen Chiffrierschlüssel und einem öffentlich bekannten Dechiffrierschlüssel beruht.[185]

[183] Eigener Entwurf, zusammengestellt aus dem Text: Vieser, Mannhardt, Michl / Bei Siemens ist Financial EDIFACT bereits Wirklichkeit / S. 24 f
[184] Vieser, Mannhardt, Michl / Bei Siemens ist Financial EDIFACT bereits Wirklichkeit / S. 24 f
[185] Büchner / Rechtliche Chancen und Risiken / S. 41

5.2.1.3   *Vorgehensweise*

Im Vorfeld beginnt man in den Banken/Versicherungen meist, sich anhand einer Vorstudie an die Materie EDIFACT ranzutasten. In dieser Vorstudie wird herausgearbeitet, welche Vorteile bzw. Rationalisierungspotentiale EDIFACT für die Firmenkunden bietet.[186]

Die Einführung beginnt damit, daß ein Pflichtenheft erstellt wird, anhand dessen z. B. die Konverter, Integrationsmöglichkeiten und Benutzeroberflächen der beiden am häufigsten zum Einsatz kommenden Systeme SNI und ASSEM Audi (siehe Kapitel 5.2.1.6) analysiert und getestet werden. Nach Konzeptdefinitionen und Einholen verschiedener Genehmigungen (Vorstand u.a.) wird dann entsprechend den eigenen Kriterien (Kosten, Benutzeroberflächen...) das passende System ausgewählt.

Allgemein stellen sich die Aktivitäten der Analysephase bei der EDIFACT-Einführung wie folgt dar:

Planung und Kontrolle:	Auftrag
	Teamzusammenstellung
	Vorgehensweise
	Zeitschätzung
	Terminplanung
Zielvorstellung und Abgrenzung:	Zielvorstellung
	Untersuchungsgebiete
	Untersuchungstiefe
Einzelerhebungen und -analysen:	Aufbauorganisation
	Aufgaben
	Abläufe und Informationsträger
	Informationen
	Berichtswesen
	Mengengerüst
	Tätigkeitsverteilung und -umfang
	Arbeiten und Leistungen
	Kommunikation
	Kosten
Schwachstellenbericht und -bewertung	
Bedarfszusammenstellung	
Potentialanalyse	
Anforderungen an das neue EDI-System	

Abbildung 31 - Aktivitäten der EDIFACT-Analysephase [187]

---

[186]   Brunner / EDIFACT in der Bayerischen Vereinsbank / S. 21
[187]   stratEDI / Prospekt

5.2.1.4   *Organisation*

Gerade für die interne Organisation in den Banken bedeutet die Umstellung auf EDIFACT die Notwendigkeit enormer Anpassungen. Viele administrative Abläufe ändern sich durch die Möglichkeit der automatischen Verarbeitung und dem Wegfall wiederholter manueller Eingabe von Daten.

Meist trägt innerhalb der Bank die jeweilige Fachabteilung, also z. B. die FA Zahlungsverkehr, die fachliche Verantwortung für die EDIFACT-Pilotprojekte und erhält von der Abteilung Organisation in enger Zusammenarbeit administrative Unterstützung. Die Organisation ist Ansprechpartner für alle Probleme und Fragen und zudem für die technische Weiterentwicklung zuständig.

Das Rechenzentrum der Bank, wo sich auch der EDIFACT-Server befindet, übernimmt dagegen die Verantwortung für Hardware und Software sowie das gesamte Operating. Die Nachbearbeitung bleibt immer in den einzelnen betroffenen Bereichen, da diese schon konvertierte Nachrichten erhalten und mit EDIFACT nichts zu tun haben.

Auch die Struktur der Service-Dienstleistungen an den Kunden ändert sich. So muß die derzeitige Electronic-Banking-Beratung um das Thema EDIFACT erweitert werden bzw. spezielle Berater nur für EDIFACT zur Verfügung gestellt werden. Beraten werden die Kunden der Bank darüber, welches technische Umfeld und welcher Konverter in Abhängigkeit vom bestehenden System sinnvoll ist. Die Bank kann in den Kundengesprächen ihre eigenen Erfahrungen weitergeben und auch Informationen austauschen.

Es wird angestrebt, den Beratungseinsatz in Zusammenarbeit mit den Herstellern zu strukturieren und dadurch eine Komplettberatung anbieten zu können. Bestehende Kundenkontakte müssen intensiviert und weitere Aktivitäten konkretisiert werden. Auch die Kunden müssen merken, wie wichtig es ist, EDIFACT-fähig zu sein.

5.2.1.5   Technik und Kommunikation

Derzeit werden in den meisten Pilotprojekten die Nachrichtentypen PAYEXT, PAYORD (zukünftig nicht mehr), DEBADV und CREADV verwendet, wobei im nächsten Jahr eine Ablösung durch die multiplen Arten PAYMUL und CREMUL stattfinden soll. Neben EDIFACT werden meist auch DTA und S.W.I.F.T. (MT 940) unterstützt, wobei andere branchenspezifische Standards (z. B. ODETTE, EDIFICE, VDA, CEFIC) bei Bedarf jederzeit integriert werden können. Aus der breiten Palette der mit den EDIFACT-Systemen möglichen Kommunikationsstandards werden meist Datex-P und ISDN sowie FTAM, X.400, BCS, RVS und diverse VANS genutzt. Die Kommunikation zwischen den Banken erfolgt nach wie vor per DTA, aber auch hier sind Entwicklungen hin zu EDIFACT oder zentralen Clearingstellen (z. B. bei der LZB, geplant für 1996/97) zu beobachten.

Die technische Realisierung sieht meist so aus, daß der EDIFACT-Konverter auf einem UNIX-Vorrechner installiert wird. Die eingehenden EDIFACT-Nachrichten werden aus Sicherheitsgründen nicht direkt an den EDIFACT-Server geleitet, sondern gehen zunächst am Host ein. Hier ist von Vorteil, daß der Host oft schon die Schnittstellen für alle gängigen Kommunikationsstandards besitzt. Diese können sofort genutzt werden, was gegenüber der sonst nötigen zusätzlichen Einrichtung der Schnittstellen auf dem EDIFACT-Server enorme Kosteneinsparungen bringt.

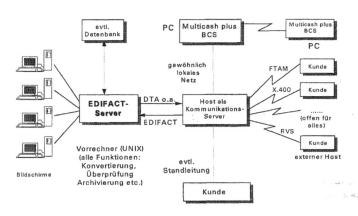

Abbildung 32 - EDIFACT-System bei den Banken [188]

---

[188]   Eigener Entwurf

Die Fehlerbehandlung sowie Umformung der Nachrichten, verwendete Dokumente (bspw. Bevorzugung von PAYEXT gegenüber PAYORD), Beschränkungen (PAYEXT z. B. auf 2000 Zeichen) und die vom Zentralen Kreditausschuß vorgenommenen Felddefinitionen (welche EDIFACT-Felder entsprechen welchen DTA-Feldern) werden in einem EDI-Vertrag zwischen Bank und Kunde definiert.[189] Die Archivierung z. B. der Original-EDIFACT-Nachrichten findet derzeit in vielen Fällen noch auf Microfiche statt, da hierfür langjährige Erfahrungen vorliegen und der Ablauf reibungslos funktioniert.

5.2.1.6   System

Für die EDIFACT-Abwicklung des Zahlungsverkehrs kommen bei den meisten Pilotprojekten entweder das System der Firma SNI oder das von ASSEM AUDI [190] zum Einsatz. Die Vor- und Nachteile sind nach Angaben von Anwendern:

	SIEMENS Nixdorf	ASSEM AUDI
Vorteile	Großunternehmen; Gefahr des Ausstiegs aus der EDIFACT-Systementwicklung sehr gering; dadurch ständige Weiterentwicklung der Produkte (z. B. bzgl. Integration neuer Nachrichtentypen) gewährleistet	Ein-Produkt-System; dadurch einheitliche Benutzeroberfläche
	EDIFACT-Server beinhaltet Funktionen eines Corporate Gateway sowie eines Clearing Center	
Nachteile	System besteht aus (meist zwei) zusammengesetzten Komponenten; Probleme können entstehen	kleines Unternehmen; Gefahr des Ausstiegs aus dem EDIFACT-Geschäft besteht
	schlechte Leistung bzgl. der Durchsatzraten	schlechte Leistung bzgl. der Durchsatzraten

Abbildung 33 - Vor- und Nachteile bei SNI- und ASSEM AUDI-System [191]

Bezüglich der Leistung werden bei *beiden* Systemen die Durchsatzraten als ziemlich schlecht bezeichnet, da eine Zahl von 2000 konvertierten Nachrichten pro Stunde bei mehreren Hunderttausenden von eingehenden Zahlungsanweisungen pro Tag für die Zukunft zu schwach ist [192] und nicht mit der Leistungsfähigkeit eines Großrechners verglichen werden kann.[193] Der Grund für die geringe Zahl liegt darin, daß alle Nachrichten in DTA konvertiert und zusätzliche Daten zwischengespeichert werden müssen (Mehrere-Phasen-Konvertierung).

---

[189] Der allgemeine AWV-Vertrag wird momentan für den Bankensektor modifiziert.
[190] Ausführliche Darstellungen der beiden Systeme in Anhang 8 - 11.
[191] Eigener Entwurf aus persönlichen Interviews.
[192] Es wird damit gerechnet, daß in Zukunft bis zu 10.000 Nachrichten pro Tag möglich werden.
[193] Suckfüll / EDIFACT im bundesdeutschen Zahlungsverkehr / S. 28

Allgemein werden an die Leistungen und Funktionen des verwendeten Systems folgende Anforderungen gestellt:

☑	Kommunikation (Bedienung von FTAM, X.400 etc. Möglichkeit der Integration von anderen)
☑	Archivierung (komplett für alle elektronischen Geschäftsvorfälle auf Geschäftsvorfallebene)
☑	Prüfungen (Syntax und Semantik) und Erkennung von Geschäftsvorfällen und damit verbundenes Work-Flow-Management
☑	Elektronische Unterschrift (wird gerade im Zahlungsverkehr in den verschiedenen Ausprägungen vermehrt eingesetzt werden)
☑	Verwalten der kommerziellen Daten (nach Aufteilung in Finanz- und kommerzielle Daten)
☑	Terminverwaltung (auch im Inlandszahlungsverkehr)
☑	EDIFACT-Banknachrichten, Servicenachrichten und Konvertierung in bestehende Standards (auch zukünftige Versionen möglich)
☑	Rückmeldemechanismen (zur Erstellung von EDIFACT-Ausgangsnachrichten)
☑	Arbeitsplatz für Fachabteilung (grafische Benutzeroberfläche wird vorausgesetzt)
☑	Partnerverwaltung (unter Gesichtspunkten der Kommunikation sowie bankfachlicher Ausprägungen)

Abbildung 34 - Anforderungen an ein EDIFACT-System [194]

5.2.1.7   Zielgruppe

Zielgruppe sind aufgrund der Kosten und Rentabilität von EDIFACT vornehmlich die Groß- bzw. Firmenkunden[195], da diese schon EDIFACT-Verbindungen zu den Zulieferern haben und deren Anzahl an Zahlungsaufträgen hilft, die wichtigen Volumenvergrößerungen herbeizuführen. Zwar hat auch bei den Kunden die Elektronisierung aufgrund der möglichen Rationalisierungsgewinne hohe Priorität, aber dennoch müssen die Kunden gezielt angesprochen und geworben werden. Eine breite Bewerbung mit Anzeigen oder Mailings ist allerdings im jetzigen Stadium nicht sinnvoll, da potentielle EDIFACT-Kunden nicht sehr verbreitet sind und vielmehr allgemein Interesse und Aufmerksamkeit gewonnen werden muß, um das Thema publik zu machen. Für die Zukunft allerdings sind Prospekte, Veranstaltungen o.ä. entsprechend den jeweiligen Marketingkonzepten geplant.

---

[194]   Brunner / EDIFACT in der Bayerischen Vereinsbank / S. 22
[195]   Mittelstandsbetriebe spielen hier keine große Rolle, da 10 ZA mehr oder weniger keinen Unterschied für die Bank machen. Auf diesem Gebiet sind andere Länder schon sehr viel weiter (z. B. Großbritannien).

Um die nötige Volumenerhöhung zu erreichen, müssen laufend neue Kunden gewonnen werden. Nicht zuletzt dadurch entsteht für die Banken der Zwang zu kostengünstigen Angeboten, was wiederum impliziert, daß DFÜ und die Bearbeitung in der Bank kostenminimal betrieben werden müssen.

Da ein neues System erstmal nur Kosten mit sich bringt, steigen meist nur *die* Kunden in EDIFACT ein, die mit ihrem alten System nicht mehr zufrieden sind und es ablösen wollen. Sind die Kunden zu mindestens 80 % mit ihrem System zufrieden, haben sie keinerlei Motivation, es zu ändern. Vorteile entstehen beim Kunden erst bei automatischem Ablauf, d.h. wenn Rückmeldungen verschickt werden, die sofort weiterverarbeitet werden können, oder bei internationalem Einsatz (SIEMENS kann durch EDIFACT bspw. auch mit den USA kommunizieren).

In vielen Fällen sind es jedoch eher die Kunden selber, die an die Bank mit dem Wunsch nach EDIFACT herantreten oder im Rahmen eines Kundengesprächs über dieses Thema beraten werden wollen.

5.2.1.8   Ziele und Kosten

Die Banken verfolgen mit der Einführung von EDIFACT vor allem Ziele wie Kundenbindung durch verbesserten Kundenservice und die Konkurrenzfähigkeit im Mitbewerb mit anderen Banken („Ich bin EDIFACT-fähig!"), vor allem bzgl. der Marktposition in der Zahlungsverkehrsabwicklung. Außerdem wird auf technologische Federführung und die Unterstützung der Großkunden (gemeinsame Pilotprojekte, Beratungen) Wert gelegt. Durch neue Produkte will man neue Erträge erzielen.

Da bis jetzt den immensen Kosten für EDIFACT noch keine organisatorischen oder EDV-technischen Nutzenvorteile gegenübergestellt werden können, liegt der Hauptvorteil derzeit in der Kundenbindung. EDIFACT ist eine Dienst- und Serviceleistung für den Kunden. Es wird eine Investitionsentscheidung für die Zukunft getroffen, und wenn der Markt später einmal diese Technik erfordert, ist man bereit und hat bereits Knowhow verfügbar. Momentan entstehen nur enorme Kosten (siehe Abbildung 36) und auch in den nächsten Jahren ist ein Ertrag aus EDIFACT nicht denkbar.

Man rechnet mit folgender Verteilung der Gesamtkosten für die Einführung:

Zusätzliche Software und Softwareanpassungen	40 %
Zusätzliche Hardware	30 %
Organisatorische Anpassungen einschl. Schulungen	10 %
Anlauf/Test/Fehlerfindung	10 %
Systemanpassungen	5 %
Beratungsleistungen/Sonstiges	5 %

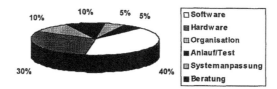

Abbildung 35 - Prozentuale Verteilung der Kosten [196]

Im Durchschnitt ergaben sich für die Einführung von EDIFACT im Zahlungsverkehr folgende Kosten (nur, um das System zum Laufen zu bringen; nicht berücksichtigt sind Kosten für Fachkonzepte, Vorstudien, lfd. EDIFACT-Koordination, Arbeitskreise, Vorträge etc.):

Hardware & Software: (abhängig vom Datenvolumen und von der Integrationsart)	675.000 DM
Um den Produktiveinsatz zu ermöglichen (nicht mehr nur Einzellösung), fallen für die Konverter-Erweiterung zusätzl. an:	100.000 DM
Fremdleistungsbudget/Beratungsleistungen	600.000 DM
Organisatorische Anpassung: (Schulung, Einarbeitung im Rahmen des Produktivaufbaus)	140.000 DM
lfd. Kosten für Hardware & Software, Wartung, Betreuung, zusätzliches Personal etc. pro Jahr:	450.000 DM
Sonstige Kosten (Personalschulungen, Systementwicklung etc.) pro Jahr:	250.000 DM

Abbildung 36 - Geschätzte Kosten für EDIFACT bei den Banken [197]

---

[196] Eigener Entwurf
[197] Eigener Entwurf (Durchschnittswerte aus Interviews).

Zusammenfassend sind für die Einführung von EDIFACT ca. 1,2 - 1,5 Mio. DM aufzuwenden. Für laufende Kosten (Personal, Hard/Software, Entwicklungs-aufwand, Beratungsleistungen) müssen mindestens 500.000 DM pro Jahr aufgebracht werden, um einen Minimaleinsatz zu gewährleisten. Aufgrund dieser Kosten ist die EDIFACT-Einführung für kleinere Banken kaum möglich ist. Die Kosten für die Zahlungsverkehrs-Umstellung sind nicht zu bestimmen, da meist durch vorhandene Systeme für die Kommunikation anderer Geschäftsbereiche (Warenwirtschaft o.ä.) schon Vorleistungen erbracht wurden.

5.2.1.9   Probleme

Neben allgemeinen Erfahrungen (neue Standards, neue Technik, neue Rechner), traten bei den Pilotprojekten nur vereinzelt Probleme auf. Anfänglich war bspw. nicht ausreichend geklärt, wie fehlerhafte Nachrichten zu behandeln waren. Sollten sie vor Ort berichtigt werden oder vom Kunden neu erstellt werden (bisher werden sie meist zurückgeleitet)? Wie wird der Kunde benachrichtigt? Weiterhin haben manche Konverter die Anforderungen an ihre Leistungen, bspw. bzgl. der Benutzeroberfläche, nicht erfüllt. Auch die Verbindung zwischen Host und Server, die Anpassung an bzw. in vorhandene DV-Strukturen und -Umgebungen sowie die unterschiedlichen Feldlängen der Formate waren zu Beginn problematisch.

Anfangs bereiteten den Kunden ungenaue Definitionen der Datei- und Feldinhalte (Umlaute o.ä.) Probleme. Da Testdatenbestände nur schwer zugänglich sind, dauert es ca. ¼ bis ½ Jahr, bis ein System richtig läuft, bei manchen Banken sogar weit über 1 Jahr. Es muß auch abgegrenzt werden, ob der Kunde das System schon nutzt und evtl. darauf aufbauen kann.

Die EDIFACT-Problematik erfordert einen hohen Qualitätsstandard beim Personal und damit organisatorische Anpassungen, auch des internen Systems. Schulungen und externe Berater werden nötig. Die Beratung von externer Seite ist eine große Hilfe bei der Einführung von EDIFACT, ohne die der Umstieg einerseits bzgl. des Know-hows und andererseits bzgl. der Kapazität meist nicht klappt. Außerdem werden oft nur für EDIFACT zusätzliche Mitarbeiter eingestellt, deren Zahl sich ebenso wie die gesamte Organisation bei Zunahme des Übertragungsvolumens erhöht. Zusätzlich erschwert bei einigen Banken die zögerliche und skeptische Haltung des Managements gegenüber EDIFACT die Realisierung von Projekten.

Da bisher oft im Rahmen der Pilotprojekte keinerlei Anpassungen an das bestehende System durchgeführt werden mußten, liegen für die Zukunft die Probleme vor allem darin, bestehende Anwendungen z. B. für das Verschicken von EDIFACT-Nachrichten ins Ausland auf EDIFACT abzustimmen.

Weiterhin erscheint es unrationell, daß trotz des umfassenden EDIFACT-Standards immer noch individuelle Verträge zwischen allen Partnern nötig sind. Diese Verträge regeln das organisatorische und rechtliche Umfeld der Verbindung, wobei das eigentlich Wichtige an diesen Verträgen die Anhänge sind, in denen z. B. die Kommunikationsbeziehungen, die Nachrichtentypen, Subsets und Inhalte sowie geregelte Übertragungszeiten genau definiert werden.

5.2.1.10   Weiterführende Pläne

Die derzeit laufenden Pilotphasen dienen vor allem der Gewinnung von Erfahrungen, des Einführens neuer Technologie und der Beobachtung von Einflüssen auf die Organisation.[198] Um EDIFACT wirklich zum Laufen zu bringen, müssen aber jedes Jahr mindestens 2 bis 3 neue EDIFACT-Projekte gestartet werden, so die Meinung der Experten. Diese werden aus den bestehenden Strategie- bzw. Marketingkonzepten herausgegriffen und runden das Produkt ab bzw. folgen der weitergehenden Normierung. Die kurzfristigen Ziele beziehen sich hauptsächlich auf die Erweiterung der Nachrichtenpalette. So sollen die Kunden z. B. noch dieses Jahr Gutschriftsrückmeldungen und Tagesauszüge als EDIFACT-Datei erhalten.[199] Weiterführend sollen dann die multiplen Nachrichten abgedeckt, das Dokumentengeschäft angegangen und Sicherheitslösungen implementiert werden.

Bezüglich der Sicherheit ist angedacht, den bisher weit verbreiteten Dateibegleitzettel durch das System der elektronischen Unterschrift von BCS zu ersetzen, wenn dieses System für EDIFACT abgestimmt ist (Pilotprojekte werden voraussichtlich 1996 starten). Derzeit finden Überlegungen statt, wie diese elektronische Unterschrift auf dem EDIFACT-Server integriert werden kann (der BCS-Rechner kommt dafür meist nicht in Frage) und wie die verschiedenen nationalen EU-Standards gemeinsam behandelt werden können.

---

[198] Benjamin, de Long, Morton / Electronic Data Interchange / S. 38
[199] Als Basis können hier alle Haben-Buchungen dienen, unabhängig davon, ob sie als EDIFACT- Datei eingehen oder nicht.

In Zukunft soll EDIFACT bei den Banken auch auf andere Bereiche ausgedehnt werden, bspw. die Organisation des Einkaufs. Auch über das Angebot von zentralen Clearing Centern und Mehrwertdiensten wird nachgedacht, da insbesondere hiervon die Nutzenrationalisierung und Kostenminimierung abhängt. Denn wie soll man den Kunden bei erreichter Kostenminimierung mit DTA ein Mehrfaches an Kosten beim Umstieg auf EDIFACT erklären, wenn nicht über Zusatzdienste. Trotzdem wird DTA bald an seine Grenzen stoßen bzw. keine Rationalisierung mehr zulassen.

Die prioritätsmäßig höchsten Ziele für die Zukunft sind vor allem die Erhöhung des Datenvolumens zur Erhöhung der Rentabilität und Rationalisierungseffekte, die Avisierung zurück zum Kunden und die noch nicht verfügbare Zwischenbanken-Kommunikation (in den nächsten 2 Jahren möglich). Auch Weiterentwicklungen der Archivierungsmethoden sowie der Rechnerstruktur (zusätzliche Plattform, Pick-up-System, Cash-System) stehen im Vordergrund. In ferner Zukunft ist auch der Einstieg in den Privatkundenbereich mit EDIFACT möglich. Wahrscheinlich ist aber in den nächsten 3 Jahren keine Ablösung von DTA durch EDIFACT abzusehen.

Von seiten der Banken bestehen auch Überlegungen, mit EDIFACT und den damit verbundenen Möglichkeiten an Zusatzangeboten ihren Service in Richtung Unternehmensberater auszubauen und in Zukunft Unternehmen (auch mittelständische) umfassend und komplett zu unterstützen. Durch diesen Beratungsservice sollen die Kunden wiederum gebunden werden bzw. zu einer EDIFACT-Kommunikation mit den Banken ermuntert werden. Diese Entwicklung könnte bereits in den nächsten 5 Jahren stattfinden bzw. die dafür nötigen Konzepte und Strategien formuliert werden. Auch die Partnerschaft von Banken mit Softwarehäusern, die speziell für die Kunden geeignete EDIFACT-Systeme herstellen, sowie damit verbundene Empfehlungen in Kundengesprächen und Lizenzvertrieb sind denkbar.

Ein weiteres Ziel liegt darin, das Auslandsgeschäfts mit einzubeziehen bzw. nur noch *ein* Verfahren für den Inlands- und den Auslandszahlungsverkehr zu verwenden. Hierfür wäre die EDIFACT-Plattform gut geeignet, wobei es dann nötig wäre, daß die Folgesysteme in Zukunft die EDIFACT-Nachrichten direkt verstehen. Es wird laufend über Verfahrensfolgebeziehungen nachgedacht, wofür die Pilotprojekte handfeste Ergebnisse liefern. Außerdem denken die Banken über die Einrichtung eines separaten Kommunikationsservers nach, der dann alle Verbindung vom Host übernimmt und direkt an den EDIFACT-Server angeschlossen wird.

Die Nutzenerhöhung auf der Seite der Banken kann nur durch wachsende Akzeptanz von EDIFACT auf der Seite der Kunden erreicht werden, da EDIFACT nicht alleine betrieben werden kann. Ein gemeinsames Wirken ist notwendig. Genauso wichtig sind bei der Einführung von EDIFACT die Ansatzabgrenzung, Schwerpunktbestimmung und Erfahrungen, auf die aufgebaut wird.

5.2.2   Dresdner Bank

5.2.2.1   Einsatzgebiete

Electronic Banking ist bei der Dresdner Bank AG [200] insbesondere für die Automatisierung der Abläufe ein wesentlicher Faktor. In der Vergangenheit wurden sowohl zwischen den Banken als auch zwischen Dresdner Bank und Kunde Nachrichten auf der Basis von DTA und S.W.I.F.T. ausgetauscht. Mit EDIFACT steht ein neuer Standard zur Verfügung, der, so die Dresdner Bank, „Auswirkungen auf den Informationsfluß und die Organisation aller beteiligten Partner haben wird und die Basis für neue Dienstleistungen darstellt."

Aufgrund verstärkter Kundennachfragen startete die Dresdner Bank ein EDIFACT-Projekt für den Inlandszahlungsverkehr. Sie ging dabei von der bereits beschriebenen „Dreier-Beziehung" aus, bei der eine direkte Gutschriftsanzeige mit CREADV oder CREEXT beim Empfänger möglich ist. Außerdem ist bei nicht identischen kontoführenden Banken aufgrund der fehlenden Absprachen im Kreditgewerbe derzeit noch eine Konvertierung in bestehende Formate notwendig.

Derzeit kann jeder Kunde der Dresdner Bank, der EDIFACT nutzen will, Inlandszahlungsaufträge mit den Nachrichten PAYORD oder PAYEXT an die Bank schicken. Diese Nachrichten stellen zwar Einzelüberweisungen dar, doch kann - analog zu DTA - auch eine Zusammenfassung in eine Sammel-Überweisungsauftrag erfolgen. In diesem Falle werden alle Nachrichten eines Interchanges (nur PAYORD oder PAYEXT) zu einem Sammler zusammengefaßt und dem Kunden in einer Summe belastet.

---

[200]   Alle Informationen stammen aus Informationsmaterial der Dresdner Bank AG, Frankfurt/Main.

5.2.2.2 System

Bezüglich des Systems ging die Dresdner Bank so vor, daß sie auf die bereits bestehenden Verfahren und Anwendungen des Zahlungsverkehrs (DTA und S.W.I.F.T) aufsetzte. Das bedeutet, daß die EDIFACT-Nachrichten in bzw. aus den herkömmlichen Datenformaten mit Hilfe eines zwischengeschalteten EDIFACT-Systems in das EDIFACT-Format konvertiert werden. Dieses EDIFACT-System wurde, wie bei den meisten anderen Banken auch, auf einem UNIX-Vorrechner installiert. Eine Vorrechner-Lösung hat den Vorteil, daß sie flexibel und schnell an neue Anforderungen angepaßt werden kann und kostengünstiger gegenüber Host-Lösungen ist.

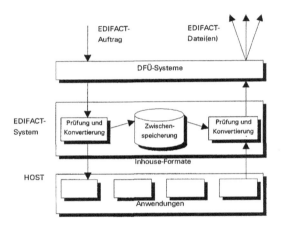

Abbildung 37 - EDIFACT-System bei der Dresdner Bank [201]

Um die bereits vorhandenen Schnittstellen zu den Anwendungsprogrammen analog nutzen zu können, werden in den laufenden Pilotprojekten des Inlandszahlungsverkehrs die EDIFACT-Zahlungsaufträge in die bestehenden Datenformate (hier: DTA) konvertiert. Ein Feld für die EDIFACT-Kennzeichnung in der Inhouse-Darstellung läßt Identifikationen und Recherchen zu.

---

[201] Rauch / EDIFACT bei der Dresdner Bank / S. 3

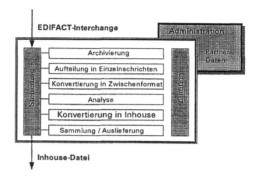

Abbildung 38 - Eingangsbearbeitung der EDIFACT-Nachrichten [202]

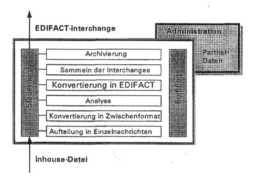

Abbildung 39 - Ausgangsbearbeitung der EDIFACT-Nachrichten [203]

---

[202]   Rauch / EDIFACT bei der Dresdner Bank S. 6
[203]   Rauch / EDIFACT bei der Dresdner Bank / S. 7

5.2.2.3   *Erfahrungen und Ergebnisse*

Die Dresdner Bank merkte vor allem, daß trotz der Verwendung der standardisierten Norm EDIFACT vielfältige bilaterale Absprachen notwendig sind. So müssen z. B. in den einzelnen EDI-Verträgen mit den Kunden Parameter zur Auslieferung festgelegt werden, die bspw. feste Zeitpunkte für das Eintreffen der Daten bestimmen.

Da die Date inhalte von EDIFACT-Nachrichten weitaus umfangreicher sind als bei den bestehenden Formaten, ist eine 1-zu-1-Konvertierung der EDIFACT-Zahlungsverkehrsnachrichten in die Inhouse-Formate nicht möglich. Folgende Zusatzdaten sind zu beachten:

- Kundenspezifische Daten
  Sie müssen zwischengespeichert und bei ausgehenden EDIFACT-Nachrichten (desselben Geschäftsvorfalls) wieder zugefügt werden.
- Bankspezifische Daten
  Diese müssen manuell analysiert und verarbeitet werden.

Aus diesem Grund verwenden die laufenden Pilotprojekte ein Subset von PAYORD und PAYEXT, das kundenspezifische Zusatzdaten zuläßt und die bankspezifischen gemäß den bestehenden Verfahren einschränkt.

Die fehlende Unterscheidung zwischen Inlands- und Auslandszahlungsaufträgen bei EDIFACT erschwert die intern notwendige Trennung dieser Vorgänge, für die bankintern jeweils unterschiedliche Formate und Anwendungsprogramme nötig sind.

Durch die Integration des EDIFACT-Systems in das bankinterne Netzwerk „drecom" wurde es möglich, alle bisher (z. B. für Electronic Banking-Dienste und andere Formate) genutzten DFÜ-Varianten und -Protokolle auch für die Datenkommunikation mit den EDIFACT-Partnern zur Verfügung zu stellen.

Ein vereinbarter Dateibegleitzettel, der bestimmte Angaben und Kontrollsummen enthält, kann die Absicherung und Freigabe von EDIFACT-Zahlungsaufträgen erleichtern. Im Falle eines Sammler-Überweisungsauftrages bezieht sich dieser (EDIFACT-) Datei-Begleitzettel auf einen Interchange.

Die Kontrollsummen des Begleitzettels müssen dabei mit den Kontrollsummen übereinstimmen, die die Bank auf den Daten des Interchanges errechnet.

Dies ist aber in bezug auf die Sicherheit und die Automatisierung keineswegs eine befriedigende Lösung, weshalb auch bei EDIFACT in Zukunft die elektronische Unterschrift gemäß dem im Rahmen des 'Banking Communication Standards' (BCS) des deutschen Kreditgewerbes definierten Verfahrens verstärkt benutzt werden soll. Die kryptographischen Methoden, die heute für diese elektronischen Signaturen benutzt werden, sind schon hinreichend sicher [204] und müssen nur noch an EDIFACT angepaßt werden.

Die elektronische Unterschrift basiert auf dem RSA-Verfahren und verwendet derzeit die Hashfunktion AR/DFP zur Errechnung des *MAC*. Es ist geplant, das Ergebnis der elektronischen Unterschrift und die zugehörigen Parameter entweder über die in BCS definierte - um EDIFACT-Informationen erweiterte - EU-Datei oder aber über die EDIFACT-Service-Nachricht AUTACK zu übertragen.

Im folgenden werden weitere, direkt von der Dresdner Bank genannte Erfahrungen mit Pilotprojekten zusammengefaßt:

- Die internationalen Handbücher sind für eine konkrete Implementierung nur bedingt geeignet, da sie ungenaue und fehlerhafte Beschreibungen enthalten, die zu sehr unterschiedlichen Interpretationen der einzelnen Daten führen können.
- Trotz zusätzlicher Handbücher und Richtlinien des deutschen Kreditgewerbes (z. B. für die Konvertierung) führten die vielfältigen Kundenanforderungen zu häufigen Änderungen und Anpassungen.
- Die Verwendung der Angaben in den Service-Segmenten sowie deren Prüfung zu Kontrollzwecken ist bei den einzelnen Konvertern sehr unterschiedlich realisiert.
- Basiert die Verarbeitung der EDIFACT-Daten auf herkömmlichen Anwendungsprogrammen und deren Formate, so müssen die Differenzen zwischen diesen Formaten und EDIFACT im Rahmen der Konvertierung abgefangen werden.
- Die Betreuung des EDIFACT-Praxisbetriebes, die Abstimmungen mit den Testpartnern sowie die Überwachung des EDIFACT-Systems erfordern einen hohen Administrationsaufwand.

---

[204] Heuser / Nachgefragt / S. 46

- Die Anwendungen müssen einen EDIFACT-Auftrag erkennen und eine Rückmeldung an die EDIFACT-Applikation erzeugen. Die Referenznummern-Systematiken der Anwendung und des EDIFACT-Systems sind also aufeinander abzustimmen, um bei Reklamationen ein schnelles Retrieval zu ermöglichen. In der gesamten Abwicklung ist somit zu beachten, daß ein zusätzliches System in die Abläufe integriert ist, das eine zusätzliche Fehlerquelle darstellen kann. Bei der Fehlerbehandlung ist daher zwischen Applikationsfehlern und EDIFACT-Fehlern zu unterscheiden.[205]

- Da durch die Verwendung der Nachrichtentypen PAYORD und PAYEXT innerhalb einer logischen Datei nur Einzelaufträge vorhanden sind, sind die Kunden dadurch gegenüber dem heutigen DTA-Verfahren schlechter gestellt. Daher wurde in einigen Pilotprojekten vereinbart, die Nachrichten einer logischen Datei als Sammler zu bearbeiten (wodurch Einzelaufträge von der Bank auf besondere Art gesammelt werden müssen).[206]

- Im Rahmen der EDIFACT-Pilotprojekte im Inlandszahlungsverkehr sammelt die Dresdner Bank gemeinsam mit ihren Kunden erste Erfahrungen in der EDIFACT-Abwicklung. Da für die Verarbeitung der Aufträge die bestehenden Systeme der Bank genutzt werden, müssen im EDIFACT-System der Bank die Unterschiede zwischen EDIFACT und den bestehenden Formaten abgefangen werden.

Ein EDIFACT-System muß nach den Erfahrungen der Dresdner Bank folgende Komponenten enthalten, um notwendige Änderungen (neue Versionen, Änderung in der Darstellung von Datenelementen, Integration neuer Nachrichten) einfach durchführen zu können [207]:

⇒ *Flexible Partnerverwaltung*, um die individuellen Kundenwünsche realisieren zu können,

⇒ *Ablaufsteuerung*, um die Vorgehensweise bei den einzelnen Nachrichtentypen in Abhängigkeit von bestimmten Parametern individuell steuern zu können,

⇒ *Administrationssystem*, das unter Berücksichtigung von Sicherheitsanforderungen eine einfache Oberfläche für Änderungen und für das Retrieval zur Verfügung stellt.

---

[205]   Rauch, Deeg / EDIFACT im Bankbereich / S. 6
[206]   Rauch, Deeg / EDIFACT im Bankbereich / S. 6
[207]   Rauch, Deeg / EDIFACT im Bankbereich / S. 5

Bezüglich der Kommunikation mit dem Kunden faßte die Dresdner Bank folgende Änderungen zusammen:

- Für ein international tätiges Unternehmen ist es besonders wichtig, sich frühzeitig den EDIFACT-Strukturen zu öffnen. Insellösungen mögen zwar einfacher abzuwickeln sein, verursachen aber bei grenzübergreifenden Vorgängen erhebliche Kosten.

- Aufgrund der Einbringung vieler verschiedener Anforderungen in die Normung entstehen Nachrichten mit einer erhöhten Anzahl von Wahlfeldern, die oft Unverständnis und den Verdacht eines unverständlichen Aufbaus und einer teuren Abwicklung hervorrufen. Die nationalen Ansprüche sind jedoch erforderlich und müssen sich in den Nachrichten wiederfinden. Würden diese „Bausteine" fehlen, fehlt die Möglichkeit der Verwendung. Ein „Esperanto-Aufbau" für eine gemeinsam zu nutzende Nachricht ist nicht sinnvoll.

- Neu zu entwickelnde Nachrichten werden künftig nur noch in der multiplen Form erstellt.

- Während bisher nur die Banken an der Normungsarbeit mitwirkten und damit die Auswahl der zu entwickelnden Nachrichten bestimmten, werden in Zukunft auch die Kunden beteiligt sein.

- Durch den branchenübergreifenden Aufbau entsteht innerhalb eines Betriebes eine Verflechtung zwischen den einzelnen Bereichen (Bestell-, Rechnungs-, Finanzwesen), sodaß Daten weiterverwendet werden können (z. B. Daten aus der Bestellung finden sich als Zahlungsgrund im Zahlungsauftrag wieder).

Die Dresdner Bank prognostiziert, daß sich in Zukunft eine Verschiebung zwischen EDIFACT-System und den Anwendungprogrammen derart ergeben wird, daß die Dateiinhalte und die Logik der einzelnen Nachrichtentypen vermehrt in den Anwendungsprogrammen abgebildet werden.

Außerdem werden weiterhin Format-Konvertierungen nötig sein, da im Bankensektor auch in den nächsten Jahren mit einer Koexistenz der verschiedensten Standards (S.W.I.F.T., EDIFACT, nationale) zu rechnen ist.

5.2.3　Schweizerische Kreditanstalt (SKA)

5.2.3.1　Einsatzgebiete und System

Bei der Schweizerischen Kreditanstalt (SKA)[208] wurde 1993 begonnen, den elektronischen Datenaustausch auf EDIFACT umzustellen. Durch Artikel in Fachpublikationen und die Mitarbeit in internationalen Gremien (S.W.I.F.T.) richtete sich die Aufmerksamkeit auf diese neue, branchenübergreifende Entwicklung. Neben anderen Übertragungsarten wie SKA-Telebanking oder DTA verwendet die SKA EDIFACT zur Zeit ausschließlich im Zahlungsverkehr (Produktname: CS-EDIPAY), jedoch ist die Einbindung weiterer Geschäftsbereiche und Holding-Gesellschaften für die Zukunft geplant. Mit eher mäßiger Werbung werden vor allem Firmenkunden angesprochen, die bereits EDI-Erfahrungen auf anderen Gebieten gemacht haben.

Das von der SKA verwendete EDI/EDIFACT-Softwaresystem heißt CS-EDI, ist eine SKA-Eigenentwicklung und wird ergänzt durch die zugekauften Komponenten GENTRAN/RTE (Hersteller: Sterling Software Inc.) und ODEX/MVS (Hersteller: Data Interchange Plc.). Dieses System unterstützt neben dem EDIFACT-Standard auch bedingt den S.W.I.F.T.-Standard und nutzt zur Übermittlung der Nachrichten X.400, X.25 mit OFTP und VAN. Clearing Center Dienste werden von der SKA nicht angeboten.

Die bisher unterstützten Dokumentarten[209] sind:

MIT KUNDEN:	MIT BANKEN:	DEMNÄCHST:
PAYORD	FINPAY	PAYMUL
PAYEXT		DEBMUL
DEBADV		CREMUL
CREADV		FINSTA
CREEXT		
CONTRL		

Abbildung 40 - Unterstützte Nachrichtentypen bei der SKA [210]

---

[208]　Alle Informationen stammen aus Prospektmaterial und Interviews der SKA, Zürich.
[209]　Zur Erläuterung der Dokumente vergleiche Anhang 3.
[210]　Eigener Entwurf

Als Voraussetzungen für die Teilnahme an CS-EDIPAY nennt die SKA:

- EDV-System mit Anschluß an ein öffentliches Kommunikationsnetz (z. B. Telepac, arcom, Swisscos, IBM-IE)
- Software zur Übersetzung der Daten vom und ins UN/EDIFACT-Format und Kommunikations-Software
- Akzeptieren des gemeinsamen UN/EDIFACT-Sicherheitsstandards der Schweizer Banken
- Abschluß einer CS-EDIPAY-Vereinbarung mit der SKA.

Den SKA-Kunden werden neben den allgemein bekannten und vielfach beschriebenen Vorteilen wie Zeitersparnis, Kostenreduzierung und optimalem Cash-Management auch ausführliche Informationen von seiten der SKA sowie Unterstützung bei der Einführung angeboten.

5.2.3.2   Erfahrungen und Ergebnisse

Zu Beginn trat vor allem das Problem auf, Partner für den pilotmäßigen EDIFACT-Einsatz im Zahlungsverkehr zu finden. Nur wenige Firmen waren bereit, dieses Neuland zu betreten und dafür Zeit und Geld zu investieren. Außerdem gab es Schwierigkeiten, ein einheitliches Sicherheitssystem einzuführen. Die Anforderungen in bezug auf die Sicherheit unterschieden sich bei den einzelnen Unternehmen erheblich, sodaß eine Einigung und damit einheitliche Implementation erschwert wurden.

Die SKA machte die Erfahrung (siehe 6.3.2), daß die Anbieter von Standard-Software nur in sehr ungenügendem Maße Schnittstellen für EDIFACT bereitstellen. Allerdings haben die Software-Hersteller das Problem bereits erkannt und versuchen immer mehr, diese Hindernisse für EDIFACT-Anwendungen aus dem Wege zu räumen. Nicht zuletzt wegen dieser Schwierigkeit nannte die SKA auch die Anpassung des bestehenden EDV-Systems als bedeutendsten Kostenfaktor beim Umstieg auf EDIFACT. Sowohl bei der SKA als auch bei ihren Kunden bereitete die allgemeine Systemintegration in den Pilotversuchen Probleme. Nach Überwindung der Anfangsschwierigkeiten wird die Leistung des EDI-Systems jetzt als gut beurteilt.

Die SKA machte auch die Erfahrung, daß der Zahlungsverkehr in den seltensten Fällen an erster Stelle der EDIFACT-Einführung steht. Meistens wird EDIFACT zunächst einmal im Stammbereich der Firma, also in den Bereichen Logistik, Auftragsabwicklung u.ä., eingeführt. Die Anwendung auf den Zahlungsverkehr ist nach den Beobachtungen der SKA dagegen für die meisten Firmen nur ein „notwendiges Übel" und wird hintan gestellt.

Obwohl bei der SKA sowohl die Prozentzahl der Kunden, die CS-EDIPAY anwenden, als auch die Prozentzahl der Transaktionen bisher noch kleiner als 1 ‰ ist, so ist man doch davon überzeugt, daß sich EDIFACT mittelfristig auszahlen wird und in Zukunft ein MUSS darstellt, um konkurrenzfähig zu bleiben. Der volle Nutzen kommt allerdings erst bei möglichst großer Teilnehmerdichte und damit geschlossenen EDIFACT-Kreisläufen voll zum Tragen.

5.2.4   Schweizerische Bankgesellschaft (SBG)

5.2.4.1   Einsatzgebiete und System

Seit März 1992 setzt die SBG [211] UN/EDIFACT-Nachrichten operationell ein. Nachdem zunächst die Version 90.2 verwendet wurde, stieg man Mitte 1992 auf die neuere Version 91.2 um (auch weil die alte Version (90.2) nicht sehr verbreitet war). Künftig werden mehrere Versionen gleichzeitig unterstützt, was kundenseitig zu keinem direkten Handlungsbedarf bei der Einführung neuer Directories führt. Seit dem EDIFACT-Start wurden bereits mehr als 40.000 Meldungen ausgetauscht.

Abbildung 41 stellt den heutigen Umfang der SBG-Dienstleistungen, genannt PAYPLUS®, dar. Diese erlauben es, Zahlungen im EDIFACT-Format vom Auftraggeber bis zum Begünstigten bei allen Geschäftsstellen der SBG in der Schweiz in beliebigen Währungen zu tätigen. Dabei werden Zahlungen im Ausland normalerweise mit der Nachricht FINPAY (die zwar den UN/EDIFACT-Normen entspricht, aber nicht offiziell als UNSM angemeldet ist) über das S.W.I.F.T.-Netz an die Korrespondenz-Bank weitergeleitet. Da an S.W.I.F.T. fast alle Großbanken teilnehmen, ist somit auch das Ausland sowohl für Zahlungsausgänge als auch - eingänge erschlossen.

---

[211] Alle Angaben stammen aus Informationsmaterial der Schweizerischen Bankgesellschaft SBG, Zürich.

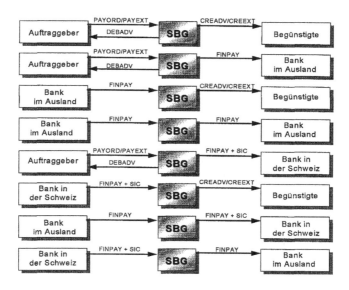

Abbildung 41 - Umfang der SBG-Dienstleistung PAYPLUS [212]

Außerdem können ausländische Banken Zahlungsaufträge über die SBG an andere ausländische Banken im EDIFACT-Format versenden. Sobald das Swiss Interbank Clearing (SIC) erweitert ist, kann der Zahlungsverkehr auch end-to-end zwischen den Banken im EDIFACT-Format stattfinden. Auch die Weiterleitung von Nachrichten aus dem Ausland an die kontoführende Bank des Begünstigten in der Schweiz (nicht SBG) kann dann über die SBG laufen (und umgekehrt).

Die eigentliche Übertragung von und zu der SBG findet über den Austausch von elektronischen Meldungen mittels X.400 statt.

Grundsätzlich ist die Dienstleistung der SBG als „real-time on-line" konzipiert. Bei Eingang des korrekt formatierten Auftrags findet in der Vergütungsverkehrs-Applikation der SBG unverzüglich eine vollautomatische Verarbeitung statt, wodurch die Cutoff-Zeiten der Dienstleistung relativ nahe an den Clearing-Schluß gelegt werden können.[213]

---

[212] O. V. / UN/EDIFACT im Zahlungsverkehr mit der SBG / S. 9
[213] Drukarch / Flexibel mit UN/EDIFACT / S. 40

5.2.4.2   Erfahrungen und Ergebnisse

Um den Kunden eine sehr gute Dienstleistung anbieten zu können, wurden die Ergebnisse aus den Pilotprojekten analysiert und in die folgenden Angebote der SBG integriert:

- Während bei anderen Banken üblicherweise konventionell eingegangene Aufträge zu konventionellen Belegen führen, kann der Kunde bei der SBG unabhängig vom verwendeten Format frei wählen, wie er die Gutschrifts- und Belastungsanzeigen erhalten will.
- Außerdem verwendet die SBG das Real-Time-Verfahren für die Verarbeitung, wodurch die Gutschriften/Belastungen relativ schnell, unter optimalen Voraussetzungen sogar innerhalb einer Viertelstunde zugestellt werden.
- Die SBG akzeptiert der Standardisierung entsprechende Meldungen ohne Einschränkungen auf eine bestimmte Länge.
- Die SBG verarbeitet sämtliche verfügbare Meldungstypen.
- Die SBG will die Entwicklung von Subsets unterbinden und spricht sich gegen diese Tendenz aus, da sie kontraproduktiv ist und dem Standardisierungs-gedanken widerspricht.
- Um auch größere Datenmengen übertragen zu können, unterstützt die SBG die S.W.I.F.T.-Meldungstypen MT105 und MT106.

Neben den üblichen positiven Effekten durch EDIFACT setzt die SBG vor allem auf eine Nutzen- und Volumensteigerung durch den frühzeitigen Einsatz von PAYMUL. Diese Nachrichtenart wurde im Herbst 1994 in einem kleinen Kundenkreis getestet und steht ab sofort (Stand April 1995) aufgrund der durchweg positiven Erfahrungen allen Kunden offen. Denn da in der bisherigen DTA-Verarbeitung die Sammelbelastung unterstützt wurde, darf EDIFACT hier keinen Nachteil bringen.

Einzelaufträge führen zu Einzelbelastungen, einzelnen Ausweisen und damit zu Mehrkosten. Die Verwendung von multiplen Nachrichtenarten führt gerade zu dem Vorteil, den die meisten Großkunden an DTA schätzen: die Möglichkeit, Sammelaufträge für den Massenzahlungsverkehr zu erstellen. Im Gegensatz zu PAYORD oder PAYEXT können mit PAYMUL mehrere Belastungskonten, mehrere Ausführungstermine, mehrere Währungen und mehrere Begünstigte angegeben werden.

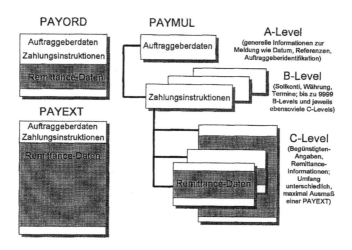

Abbildung 42 - PAYMUL im Vergleich mit PAYORD/PAYEXT [214]

Bis dato wurden von der SBG für die Ciba-Geigy ca. 50 PAYMUL-Meldungen verarbeitet, wovon jede zwischen 400 und 650 Einzelzahlungen enthielt. Für die Implementation der PAYMUL-Meldung benötigte das Projektteam der Ciba-Geigy nur wenige Tage. Allerdings konnte das Team dabei auf bestehendes Know-how und auf eine bereits vorhandene UN/EDIFACT-Infrastruktur zurückgreifen. Die PAYMUL-Verarbeitung ist im Gegensatz zu PAYORD/PAYEXT ('real-time') eine Batch-Verarbeitung.

Die Entscheidung für oder gegen EDIFACT darf bei den Kunden nicht nur auf der Betrachtung der Kosten von EDIFACT-Übertragung im Vergleich zu DTA o.ä. beruhen. EDIFACT ist nicht nur eine andere Übertragungsart. Mit EDIFACT ist es möglich, den Zahlungsverkehr mit der gesamten Warenlogistik zu verknüpfen. Durch die Anwendung internationaler Normen ist die Sicherstellung von Investitionen einfacher. Vor allem besteht die Möglichkeit, ohne größeren Aufwand auf Änderungen, die aus dem heterogenen und dynamischen Umfeld entstehen, zu reagieren.

---

[214] Hildebrandt / PAYMUL / S. 3

Um eine reibungslose und vor allem sichere Kommunikation in der Schweiz zu erreichen, arbeiteten die drei Schweizer Großbanken SKA, SBV und SBG eine gemeinsame Sicherheitslösung für den EDIFACT-Zahlungsverkehr heraus, die das Verfahren festlegt, die Art der Implementation jedoch offenläßt. Diese Lösung wird benützt, bis die internationale Standardisierung auf diesem Gebiet stabil ist.

Durch diesen gemeinsamen Entwurf wurde sichergestellt, daß jeder Kunde mit jeglicher Art von Hard- und Software bei einer beliebigen Bank unter diesem Sicherheitssystem diese Dienstleistung beanspruchen kann. Durch dieses Vorgehen hat der Kunde die Möglichkeit, eine Lösung selbst zu realisieren, fertig zu kaufen oder in Auftrag zu geben.[215]

Die Sicherheitslösung sieht grundsätzlich so aus, daß der Kunde in seinem Zahlungsauftrag (PAYORD oder PAYEXT) eine Testzahl (*MAC*) mitschickt, die über den gesamten Meldungsinhalt des Auftrags (aber ohne Header und Trailer) gerechnet wird. So kann sichergestellt werden, daß der Absender der Meldung auch wirklich der Vorgegebene ist und die Meldung unterwegs nicht verändert wurde. Meldungen ohne oder mit falschem *MAC* werden von der Bank nicht bearbeitet. Diese Sicherheitslösung wird so lange beibehalten, bis ein generelles EDIFACT-Sicherheitssystem verfügbar ist.

Die Flexibilität der durch die SBG realisierten Dienstleistungen soll vor allem Kunden den Schritt zur Einführung von EDIFACT im Zahlungsverkehr erleichtern. Auf Grund dessen kann die EDIFACT-Dienstleistung bei der Lösung von Problemen im Bereich Logistik uneingeschränkt angewendet werden.[216]

---

[215] Drukarch / Gemeinsame Sicherheitslösung / S. 34
[216] Drukarch / Flexibel mit UN/EDIFACT / S. 42

5.3   Versicherungen

5.3.1   ALLIANZ Versicherungs AG - VDV

5.3.1.1   Einsatzgebiete

Die heutige Kommunikation[217] in der Versicherungswirtschaft erfolgt hauptsächlich auf der Basis des GDV [218]-Standards. Dadurch ist sie national begrenzt, datenträgerorientiert und ergänzt lediglich den papiergebundenen Austausch. Das Fehlen einer durchgängigen elektronischen Kommunikation erzeugt Doppelerfassungen von Daten und damit verbundene Fehler. Zukünftige Anforderungen dagegen sehen eine internationale Kommunikation vor, die dialogorientiert (aufgrund zeitkritischer Anwendungen), papierlos und über Leitungen abläuft. Außerdem werden dadurch Zeit und Kosten gespart. Hierfür ist nur der EDIFACT-Standard geeignet.

Um die Vorteile der EDIFACT-Datenkommunikation im Interesse seiner Kunden nutzen zu können, hat VDV großes Interesse am möglichst frühzeitigen produktiven Einsatz des EDIFACT-Standards. Hierfür wurde mit der ALLIANZ Versicherungs AG schon vor einiger Zeit ein Pilotprojekt zur EDIFACT-Datenkommunikation gestartet. Neben dem seit 1985 praktizierten elektronischen Datenaustausch wurde man bei der ALLIANZ vor allem durch Artikel in Fachpublikationen, Geschäftspartner, eigene Mitarbeiter und die Arbeit im UN/EDIFACT Board auf EDIFACT aufmerksam.

Der bisherige wöchentliche Datenträgeraustausch in herkömmlichen Formaten, der die Vertragsbestandsänderungen sowie Sollstellungen der ALLIANZ für die von VDV betreuten Vermittler umfaßt, wurde im Sommer 1993 in einem ersten Schritt durch eine Verbindung der Bürokommunikationssysteme der beiden Beteiligten abgelöst. So wurde zwar die Kommunikation beschleunigt und rationalisiert, eine durchgängige maschinelle Bearbeitung von Geschäftsvorfällen aber nicht möglich gemacht.

---

[217] Alle Angaben stammen aus Informationsmaterial der VDV Versicherungs-Daten-Verarbeitung Klaus Reimer GmbH sowie der ALLIANZ Versicherungs AG.
[218] Gesamtverband der Deutschen Versicherungswirtschaft

Daher wurde 1994 in einer zweiten Phase die Ablösung der ALLIANZ-spezifischen Sollstellungsübertragung durch den Einsatz der Prämienrechnungsnachricht INSPRE in EDIFACT-Standard realisiert, die inzwischen auf beiden Systemen implementiert ist. Derzeit erfolgt ein umfangreicher Austausch von Testdaten. Während VDV die Anschlüsse an die operativen Systeme bereits geschaffen hat, ist die ALLIANZ erst dabei, die Voraussetzungen für einen operativen Einsatz der INSPRE zu schaffen.

5.3.1.2   System

Als EDIFACT-Konverter setzt VDV die Software der Firma LION, Köln, auf einem PC-System ein. Als Übertragungsweg zwischen ALLIANZ und VDV wurde das Netzwerk der IBM gewählt. Im Rahmen dieses Pilotprojektes werden von VDV die Konvertierung des GDV-Standards in EDIFACT und von EDIFACT in den GDV-Standard für INSPRE (Prämienrechnungsnachricht) und PRPAID (Abrechnungsnachricht) realisiert. Sobald weitere EDIFACT-Standards vorliegen, werden auch weitere Konvertierungen folgen. So soll bspw. die Kfz-Schadenmeldungsnachricht ICNOMO, die bereits in Entwurfsform vorliegt, so schnell wie möglich in das Pilotprojekt integriert werden. Der strukturelle Aufbau dieser Nachrichten-Art ist im Anhang 7 abgebildet.

Die ALLIANZ dagegen arbeitet mit dem System SEDI-CON/SEDI-DESK der Firma Siemens Nixdorf. Der Konverter SEDI-CON wandelt die Datenstrukturen der verwendeten betriebswirtschaftlichen Anwendungen in EDIFACT-Formate um und umgekehrt, wobei neben EDIFACT auch ODETTE (ANSI X.12) unterstützt wird. Voraussetzung für diese Konvertierung ist die eindeutige Zuordnung der Datenstrukturen zu den entsprechenden EDIFACT-Strukturen.

Mit SEDI-DESK werden die EDIFACT- und Inhouse-Strukturen, Umsetz- und Codetabellen menügeführt unter Windows definiert. Konsistente, fehlerfreie EDIFACT/Inhouse-Definitionen und Umsetztabellen werden permanent gespeichert und vor unberechtigtem Zugriff geschützt in einer Datenbank abgelegt. Die mit SEDI-DESK vorgenommenen Umsetzungen können direkt von SEDI-CON verarbeitet werden[219] (siehe Anhang 8 sowie Anhang 9).

---

[219]   O. V. / Informationsmaterial SEDI von Siemens Nixdorf / S. 7

Die Gründe für die Auswahl dieses Produktes waren das benutzerfreundliche Front-End unter Windows sowie die Verfügbarkeit einer Runtime-Version auf dem Host/MVS. Bei der ALLIANZ findet die Konvertierung der EDIFACT-Nachrichten im Gegensatz zu den anderen Pilotprojekten direkt auf dem Host statt. Es folgt eine Zuordnung (Mapping) auf PC/Windows sowie die Integration in die Anwendungen über DB2-Datenbanken und die Beschickung von Anwendungsprozeßketten bzw. aus diesen heraus. Unterstützt werden die Nachrichtenarten INSPRE, PRPAID und INVOIC, wobei zur Nachrichtenübermittlung FTAM und ISDN genutzt werden.

Ein typischer Vorgang bei der ALLIANZ sieht folgendermaßen aus: Die Vertragsdaten des Versicherten ändern sich. Daraufhin wird aus der Anwendung ein neuer Vertragsdatensatz auf den DB2-Pool geschrieben. Im jeweiligen individuellen Versandturnus werden dann die Daten für einen Geschäftspartner abgeholt.

Der Austausch von Nachrichten zwischen ALLIANZ und VDV vollzieht sich gemäß folgender Grafik:

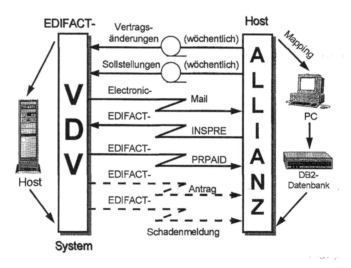

Abbildung 43 - Pilotprojekt zwischen ALLIANZ Vers. AG und VDV [220]

---

[220]   Reimer / EDI in der deutschen Versicherungswirtschaft / S. 19

5.3.1.3   *Erfahrungen und Ergebnisse*

Alle Beteiligten in der Versicherungsbranche streben in der Absicht, die Zusammenarbeit zu rationalisieren, Verbesserungen in der Kommunikation an. Das laufende Pilotprojekt hat vor allem das Ziel, sowohl der ALLIANZ als auch VDV EDIFACT-Knowhow zu vermitteln (umfaßt z. B. Schulung der Mitarbeiter). Außerdem erhofft man sich Erkenntnisse in der offenen Workflow-Kommunikation (= Kommunikation über Geschäftsvorfälle) über Grenzen unabhängiger Unternehmen (Versicherer und Makler) hinweg. Auch technische Fragestellungen wie z. B. Auswahl von EDIFACT-Konvertern, Analyse der wirtschaftlichsten Übertragungsverfahren (z. B. FTAM) oder der Übertragungswege (z. B. IBM-Netz) sollen hierdurch gelöst werden.

Die ALLIANZ verfolgt mit der Einführung von EDIFACT vor allem Ziele wie Automatisierung von Prozessen, Minimierung von Fehlern bei manueller Eingabe sowie Beschleunigung von Prozessen (DLZ). Dabei traten zu Beginn des Projektes Probleme im Bereich der Anpassung der Anwendungen auf. Derzeit werden bei der ALLIANZ ca. 1,5 Mio. Datensätze pro Jahr mit EDI und weniger als 10.000 mit EDIFACT abgewickelt. Diese Zahl für EDIFACT-Transaktionen wird sich ab Oktober 1995 auf ca. 300.000 erhöhen. Die Kosten für EDIFACT schätzt die ALLIANZ etwa folgendermaßen:

Software	50.000 DM
Anpassung der Anwendungen und Integration der Standardsoftware in das dezentrale Host-Konzept	258.000 DM

Abbildung 44 - Geschätzte Kosten für EDIFACT bei den Versicherungen [221]

Bei der Einführung von EDIFACT nahm die ALLIANZ keinerlei Dienste von externen Beratern in Anspruch. Sie bietet weder Clearing Center-Dienste an noch denkt sie derzeit über das Angebot von Dienstleistungen außerhalb des Versicherungsbereiches oder über einen Einstieg in den Privatkundenbereich nach.

---

[221] Eigener Entwurf (Durchschnittswerte aus Interviews)

5.3.1.4   Pläne

Die Erfahrungen aus dem Pilotprojekt zeigen, daß zukünftig möglichst viele neue Nachrichtenarten übernommen werden sollten. So wird schon bald die elektronische Übertragung der Maklerprämienabrechnungen von VDV zur ALLIANZ eingeführt werden, wofür die Prämienabrechnungsnachricht PRPAID vorgesehen ist. Derzeit wird diese Nachricht auf beiden Seiten im Testfeld implementiert. Ab Mitte 1995 ist der produktive Einsatz des Systems im großen Stil sowohl mit INSPRE als auch mit PRPAID vorgesehen.

Im neuen Kfz-System, das die ALLIANZ 1995 einführt, werden von Anfang an Schnittstellen für eine Antragserfassung beim Vermittler vorgesehen. Dadurch soll die elektronische Übermittlung der dezentral erfaßten Anträge über die EDIFACT-Kfz-Antragsnachricht IPPOMO möglich werden, worüber bereits von VDV und ALLIANZ diskutiert wird. Über diese Nachricht soll zukünftig auch die Versorgung der Makler mit Vertragsdateninformationen erfolgen.

Wichtig in der Entwicklung des Projektes ist, daß zukünftig auch die Übertragungsverfahren, die auf Dateitransfer basieren, durch interaktive EDIFACT-Kommunikation abgelöst werden müssen, um eine integrierte Abwicklung zeitkritischer Geschäftsvorfälle zu unterstützen.

Grundsätzlich soll das Projekt zwischen ALLIANZ und VDV Lösungsansätze aufzeigen, um die Zukunftschancen, die sich durch die Funktionalität des EDIFACT-Standards ergeben, möglichst frühzeitig zu nutzen. Dabei bewertet die ALLIANZ den EDIFACT-Standard zwar als unausweichlich, der Nutzen jedoch wird als gering bezeichnet, da EDI den Hauptnutzen bringt, und nicht EDIFACT.

Innerhalb des weiterlaufenden Pilotprojektes soll schwerpunktmäßig die offene, unternehmensübergreifende Geschäftsvorfallbearbeitung weiter entwickelt werden. Langfristig wird der EDIFACT-Standard zwar den GDV-Standard ablösen, mittelfristig jedoch werden die beiden Formate parallel existieren. Für die Zukunft ist der Einsatz von EDIFACT auf jeden Fall vorzuziehen und die Entwicklung zu beschleunigen.

5.3.2   Aktivitäten des Verbandes

Der GDV Gesamtverband der Deutschen Versicherungswirtschaft e. V. [222] ist derzeit vor allem bemüht, die Entwicklung von weiteren Nachrichtentypen voranzutreiben. Über GDV koordiniert arbeitet die deutsche Versicherungswirtschaft aktiv in der Message Development Group Insurance (MD7) des Western European EDIFACT-Board (WEEB) mit (siehe Anhang 1 - EDIFACT Organisationsstruktur bei den Vereinten Nationen und dem Westeuropäischen EDIFACT Board).

Während die EDIFACT-Nachrichten INSPRE und PRPAID bereits den Status 1 haben und daher zu weltweiten Tests und Pilotprojekten freigegeben sind, sind für die „Kfz-Schadenmeldung"(ICNOMO) und den „Kfz-Antrag" (IPPOMO) erst die Entwicklungsarbeiten abgeschlossen. Im Frühjahr 1995 wurde hierfür der Status 0 beantragt.

In Entwicklung befinden sich z. Zt. die EDIFACT-Nachrichten „Kfz-Sachverständigenanfrage" (ICASRQ), „Kfz-Sachverständigenbericht" (ICRSRP), „Marine Cargo (Transport-/Seewarenversicherung)" und „Habitational (Versicherung rund ums Haus).

Für einen branchenweiten einheitlichen Einsatz von EDIFACT-Standards in der Versicherungswirtschaft ist die Entwicklung, Pflege und Dokumentation brancheneinheitlicher Schlüsselverzeichnisse ebenso unerläßlich wie die von brancheneinheitlichen, auf den Bedarf der Mitgliedsunternehmen ausgerichteten EDIFACT-Subsets. Eine tragfähige überbetriebliche Organisationsbasis muß hierfür noch geschaffen werden. Auch unternehmensintern, z. B. bei Versicherungsunternehmen oder Vermittlerbetrieben, müssen die organisatorischen und systemtechnischen Voraussetzungen für den Einsatz von EDIFACT-Standards geschaffen werden.

---

[222] Alle Angaben stammen aus Informationsmaterial des GDV Gesamtverband der Deutschen Versicherungswirtschaft e. V..

6   RESÜMEE

6.1   *Zusammenfassung*

Die Umstellung des Papieraustauschs auf elektronischen Datenaustausch hat einen großen Beitrag zur Rationalisierung und Kosteneinsparung geleistet. Daten können schneller ausgetauscht und manuelle Fehler vermieden werden; Informationen sind schneller verfügbar und Reaktionszeiten werden erheblich verkürzt.

Verschiedene Branchen- oder Insellösungen stellen zwar für die Einführungsphase eine bequeme und kostengünstige Alternative dar, werden aber langfristig den Anforderungen des internationalen Geschäftsverkehrs nicht gerecht. Die dazu nötigen bilateralen Absprachen widersprechen dem Rationalisierungsgedanken von EDI. Der GDV-Standard der Versicherungen bspw. ist nur für die Versicherungsbranche geeignet und verhindert durch seine Beschränkungen die Kommunikation z. B. mit der im Schadensfalle beauftragten Werkstatt oder mit den beteiligten Banken. Daher sollte dieser Entwicklung, damit sie sich nicht noch weiter verbreitet, so schnell als möglich Einhalt geboten werden und von Anfang an EDIFACT als umfassende und branchenübergreifende Sprache eingesetzt werden.

Dagegen ist die Verwendung von EDIFACT-Subsets durchaus eine Möglichkeit, die umfassenden und oft in vielen Teilen überflüssigen Felddefinitionen zu reduzieren und die Anwendung zu vereinfachen. Doch schränken auch Subsets die Anwendung auf die jeweilige Branche ein, was der EDIFACT-Idee widerspricht.

EDIFACT ermöglicht besonders im Zahlungsverkehr große Einsparungen, da die Großkunden, die EDIFACT bereits in anderen Bereichen verwenden, auch ihre Bankgeschäfte auf EDIFACT umstellen wollen. Insofern bekommen die Banken regelrechten Druck von den Großkunden, EDIFACT anzubieten. Im Ergebnis entstehen für beide Seiten Kosten- und Zeiteinsparungen.

Da DTA im Zahlungsverkehr inzwischen so gut eingespielt ist, zögern viele Unternehmen, diesen aufzugeben und auf EDIFACT umzusteigen. DTA stößt jedoch bald an seine Grenzen und EDIFACT ist die einzige Lösung für eine weltweite Kommunikation ohne Branchen- oder Sprachenbeschränkungen.

Aber gerade dies ist auf dem wachsenden europäischen und internationalen Markt nötig, um wettbewerbsfähig zu bleiben und mit allen Geschäftspartnern eine offene Kommunikation aufzubauen. EDIFACT ist in allen Bereichen eines Unternehmens einsetzbar und ermöglicht gerade dadurch die reibungslose Zusammenarbeit zwischen diesen Abteilungen sowie Just-in-time-Anwendungen. Die Banken können so zusätzliche Dienstleistungen, Clearing Center und Mehrwertdienste, die über reine Bankleistungen hinausgehen können, anbieten[223] und sich dadurch eine bessere Wettbewerbsposition und Kundenbindung verschaffen. Clearing Center können als Daten- und Informationszentren dienen und den Unternehmen die Möglichkeit bieten, alle Partner unabhängig von den jeweils verwendeten Standards und ohne aufwendige Implementationen oder Absprachen zu erreichen.

Die Pilotprojekte haben gezeigt, daß gerade im volumenintensiven Zahlungsverkehr mit EDIFACT ein großer Nutzengewinn erreichbar ist. Außerdem verfolgen die Banken mit der Einführung von EDIFACT Ziele wie Konkurrenzfähigkeit, Kundenbindung, technologische Federführung und Unterstützung der Großkunden. Da derzeit aufgrund des geringen Volumens und der geringen Verbreitung noch kein Nutzen aus EDIFACT zu ziehen ist, wird bis jetzt die Kundenbindung durch das Dienstleistungsangebot präferiert. Durch die Pilotprojekte sollen v. a. Erfahrungen im EDIFACT-Einsatz gesammelt werden.

Insgesamt wurden in allen Pilotprojekten nur positive Erfahrungen mit EDIFACT gemacht. Diese für die weltweite Kommunikation ausgelegte „Sprache" führt nach anfänglichen Mehrkosten (wodurch knappe Geldmittel als Argument gegen EDIFACT durchaus zutreffen) und eventuell kleineren Problemen bei der Einführung stets zu Kostenreduzierungen und Rationalisierungsgewinnen. Ziel muß es hierbei sein, das Volumen der Transaktionen im Zahlungsverkehr beständig zu erhöhen und damit die erreichbaren Nutzenpotentiale voll auszuschöpfen. Es zeigt sich, daß sich EDIFACT seinen Platz in der internationalen Wirtschaft suchen wird und kein „Windei"[224] ist. Aber deutsche Unternehmen brauchen im Gegensatz zu amerikanischen oder holländischen[225] Firmen oft eine lange Vorlaufzeit, bis sie sich neuen Technologien zuwenden. Nicht umsonst wurde Deutschland in einem englischen EDI-Magazin der „schlafende EDI-Riese" genannt. *Ohne* EDIFACT jedoch verlieren sie ihre Wettbewerbsfähigkeit und geraten „out of business".

---

223 Rauch / EDIFACT bei der Dresdner Bank / S. 9
224 Aus: ESG / Spielwiese oder Basis für den Erfolg / S. 70
225 Die von TEDIS veranlaßte Umfrage der Firma OVUM ergab '93, daß das „kleine" Holland ca. fünfmal so viele Firmen wie Deutschland hat, die EDI anwenden; vgl. Bösler, Schlieper / Interview / S. 38

6.2   Eigene Meinung

Obwohl Europa innerhalb der Dreiergruppe USA-Europa-Japan mit EDI in der Mitte steht [226], müssen in Europa gerade die deutschen Unternehmen, die im internationalen Vergleich als EDI-müde gelten, viel schneller reagieren und sich nicht länger neuen Entwicklungen und Techniken verschließen. Wie die Amerikaner, Engländer oder Holländer müssen sie erkennen, daß alle branchenspezifischen oder nationalen „Sprachen" bald an ihre Grenzen stoßen werden und nur EDIFACT auf lange Sicht gesehen eine Zukunft hat. Denn besonders auf dem europäischen Markt sind kurze Reaktionszeiten und hohe Flexibilität unbedingt nötig, um im Wettbewerb mithalten zu können. Schon bald wird zumindest für die großen Unternehmen die Notwendigkeit bestehen, EDIFACT-fähig zu sein.

Möglichst schnell müssen viele neue Nachrichtentypen entwickelt oder fertiggestellt werden, damit sich das Angebot der Geschäftsvorgänge, die mit EDIFACT abgewickelt werden können, auf alle Bereiche und Aktionen ausdehnt. Ebenso müssen die vielen Lücken im UN/EDIFACT-Kreislauf durch Hinzugewinnen vieler neuer Anwender geschlossen werden. Dafür scheint es nötig, auch außerhalb der Kommissionen und Fachzeitschriften für EDIFACT „Werbung" zu machen, damit bisher völlig unbeteiligte und uninformierte Unternehmen aus den verschiedensten Bereichen mit EDIFACT in Berührung kommen und die Vorteile kennenlernen. Nur so kann eine einheitliche weltweite standardisierte Kommunikation möglich gemacht werden. EDI/EDIFACT ist auf dem Vormarsch.

Die Banken werden erkennen, daß sie, als Ansprechpartner für viele Großkunden, sich der neuen Technologie nicht verschließen dürfen und EDIFACT früher oder später einführen *müssen*, um wettbewerbsfähig zu bleiben. Immer stärker wird von der Kundenseite her nach EDIFACT verlangt werden, da die meisten Unternehmen, wenn nicht bereits geschehen, in der nächsten Zeit zuerst in anderen Geschäftsbereichen wie Warenwirtschaft oder Logistik EDIFACT einführen werden und danach auch den Zahlungsverkehr so abwickeln wollen.

---

[226] Dirlewanger / EDI / S. 244

6.3   Perspektiven

6.3.1   Nähere Zukunft

Die Nahziele bestehen einerseits darin, die dringend notwendige Volumenerhöhung im EDIFACT-Zahlungsverkehr herbeizuführen, wofür vor allem neue Pilotkunden gewonnen werden müssen. Hier helfen die sinkenden Kosten für Übertragungsgebühren und die Einigung der meisten Branchen auf EDIFACT als Datenaustauschformat, den Aufwand für die EDIFACT-Einführung positiver einzuschätzen. Andererseits soll die Kommunikation mit anderen Banken mittels EDIFACT und auch die Avisierung zurück zum Kunden demnächst möglich werden.

Bezüglich der Technik von EDIFACT denken die Banken vor allem daran, den bisher verwendeten Dateibegleitzettel durch die elektronische Unterschrift abzulösen. Hierfür muß diese allerdings noch für EDIFACT verfügbar gemacht und die Anwendung und Implementierung verbessert werden. Die verwendeten EDIFACT-Systeme, die bisher hauptsächlich einen EDIFACT-Konverter verbunden mit dem Host der Bank/Versicherung vorsehen, sind für die Pilotprojekte durchaus ausreichend. Sobald aber das Volumen des EDIFACT-Zahlungsverkehrs wächst und immer mehr Kunden mitmachen, werden separate Kommunikationsserver nötig sein, auf die alle Aufgaben ausgelagert werden.

Zur Zeit wird auf Basis eines im Bundesverband deutscher Banken erarbeiteten Entwurfs an einem gemeinsamen EDI-Vertrag (analog den bekannten DTA-Kundenbedingungen) gearbeitet.[227] Dieser soll im technischen Anhang neben allgemeingültigen Elementen auch Bestandteile enthalten, die aufgrund individueller Vereinbarungen festgelegt werden. Ein weiteres Aufgabengebiet, an dem derzeit intensiv gearbeitet wird, ist der Aufbau eines Systems zum zwischenbetrieblichen Clearen von EDIFACT-Nachrichten.[228] Durch diese Instrumente soll der Austausch von EDIFACT-Datensätzen zwischen Unternehmen, zwischen denen keine bilateralen Vereinbarungen existieren, möglich gemacht und erleichtert werden.

---

[227] Egner / Aktueller Status der EDIFACT-Entwicklung / S. 17
[228] Egner / Aktueller Status der EDIFACT-Entwicklung / S. 17

6.3.2   Fernere Zukunft

In der Zukunft werden auch Dokumente (Rechnungen o.ä.) ausgetauscht werden, sodaß dann *alle* Geschäftsvorfälle und Einzelaktionen über das EDIFACT-Netz abgewickelt werden können. Auch der Einstieg in den Privatkunden-Zahlungsverkehr mit EDIFACT ist möglich. Dafür muß jedoch die EDIFACT-Technik noch weiter reifen und eine größere Verbreitung erzielt werden, da sonst für die Privatkunden keine Nutzengewinne und Kostensenkungen möglich sind. Auch die Einführung von Clearing Centern wird einen erheblichen Beitrag dazu leisten, daß Anwender flächendeckend und international alle Geschäftspartner erreichen können und sich dadurch die EDIFACT-Idee weiter verbreitet.

Die große Bedeutung der Softwareanbieter bei der Verbreitung von EDIFACT darf nicht vergessen werden. Dabei sind nicht so sehr die Anbieter von EDI-Software gemeint, sondern vielmehr die Anbieter von allgemeiner Versand- oder Vertriebssoftware, Produktionsplanungssystemen oder ähnlichem, die den Kunden eine Fülle von zusätzlichen Aufgaben zumuten, wenn sie ihre Produkte nicht mit Schnittstellen für EDIFACT ausstatten. Eine Entscheidung für EDI wird durch diesen Umstand erheblich erschwert. Umgekehrt wird die Attraktivität von Standardsoftwarepaketen gesteigert, wenn sie durch vermehrte Schnittstellen die Verbindung zu EDIFACT und die Integration in die bestehende EDV-Landschaft ohne Probleme oder Investitionen zulassen.

Die ersten zaghaften Schritte von einzelnen Unternehmen oder Branchen müssen für eine Umsetzung möglicher Rationalisierungspotentiale, Verbesserung der betrieblichen Infra- und Kommunikationsstruktur sowie zur Realisierung aller dabei erzielbaren Kostenvorteile übergehen in eine umfassende internationale Anwendung (der seit 1990 prophezeite EDI-Boom ist bislang ausgeblieben). In diesem Rahmen müssen die richtigen Kenntnisse über EDIFACT von den Verantwortlichen der breiten Öffentlichkeit in der gewünschten Tiefe näher gebracht werden[229] und die Vorteile aufgezeigt werden. So können Argumente wie z. B. eine ungeeignete Kundenstruktur oder die Verwendung anderer Kommunikationstechniken entkräftet werden. Dabei ist es nötig, besonders die oft „exotischen" Begriffe, die manche Anwender verwirren oder auch abschrecken, zu erklären und zu verdeutlichen.

---

[229]   ESG / Spielwiese oder Basis für den Erfolg / S. 68

6.4   Schlußwort

EDI mit EDIFACT wird in Zukunft auf jeden Fall weitere Verbreitung finden und für innovative und kundenorientierte Unternehmen unbedingt nötig werden, da es als strategisches Werkzeug ein absolutes Muß darstellt. „Wenn mit steigenden Anwenderzahlen aus einer Schrittmachertechnologie erst Schlüssel-, dann Basistechnologie geworden ist, kehrt sich die Chance zu agieren in den reinen Zwang zum Reagieren um." [230]

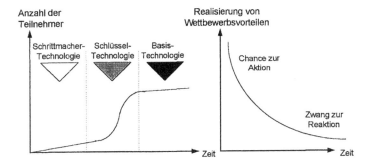

Abbildung 45 - Zusammenhang zwischen Basis- und Schlüsseltechnologie [231]

Gerade die deutschen Unternehmen sollten „am Ball bleiben", nach vorne schauen in Richtung EDI-Markt 2000 und nicht verpassen, rechtzeitig auf den EDIFACT-Zug aufzuspringen, um auch weiterhin im internationalen Wettbewerb bestehen zu können. Es wäre fatal, die neuen Möglichkeiten der Telekommunikation zu übergehen und das Risiko einzugehen, die vertikale Integration von Kunden und Lieferanten nicht zu realisieren. [232] Da jedoch die überwiegende Mehrheit der Unternehmen, v.a. aus den Bereichen Elektronik/Elektrotechnik, Maschinenbau, Kunststoffverarbeitung, chemische Industrie sowie Papier und Druck, die Absicht hat, EDIFACT einzuführen, wird sich in Zukunft die Kommunikationsstruktur erheblich ändern. Auch die EDIFACT-Anwendungen oder gar -Anforderungen bei Zoll, Banken, Telekom, Versicherungen, Steuer- und Sozialbehörden werden die Akzeptanz in der Mehrheit der Unternehmen deutlich erhöhen.

---

[230]   Georg / EDIFACT / S. 55/56
[231]   Georg / EDIFACT / S. 56; nach: Rühl / Strategische und organisatorische Aspekte / 6-6
[232]   Janssens, Cuyvers / EDI-A Strategic Weapon in International Trade / S. 46; deutsche und ausführlichere Fassung: Janssens, Cuyvers / Elektronischer Datenaustausch / S. 52 - 66

Es wäre bspw. denkbar, daß deutsche Behörden wie z. B. der Zoll durch EDI/EDIFACT-Einsatz eine Art Katalysatorfunktion übernehmen.[233] Auch für Deutschland wird dann das Zitat aus der Zeitschrift „EDI-World" vom Juni 1992 zutreffen: „By the end of the '90s it will be easier to do business without a telephone than without EDI." [234].

Die Einführung von EDIFACT bedeutet nicht nur den Einsatz einer neuen Technik und den Ersatz der papiergebundenen Kommunikation durch eine elektronische Kommunikation, sondern vor allem das Durchforsten, Verbessern und Anpassen des organisatorischen Ablaufs der Geschäfte. Nur so kann der eigentliche Gewinn, den EDI und insbesondere EDIFACT beinhaltet, gefunden werden.[235]

Wichtig ist, daß auch in Zukunft immer mehr Nachrichtentypen entwickelt und getestet werden. Zur Zeit wird aktiv an der Version 4 der EDIFACT-Syntax gearbeitet. Nach ihrer Dokumentation und Verteilung durch die UN/ECE im Sommer 1995 können die einzelnen Länder dieses Dokument bis Anfang 1996 prüfen. Bei der UN/ECE-Sitzung im März 1996 wird dann entschieden werden, ob die neue Syntax angenommen wird. Sollte dies der Fall sein, so wird sie im sogenannten Kurzverfahren zur Internationalen Norm erhoben werden. Auch weiterhin wird das UN/EDIFACT-Regelwerk international weiterentwickelt werden, wofür die USA bereits ihre kontinuierliche Mitarbeit zugesagt haben. [236] Die Normierung muß fortschreiten und weitere Dokumente weltweit standardisieren. Gebräuchliche Anwendungen müssen eine einheitliche Form bekommen; es heißt:

„...die Form ist das Fleisch der Idee..."

Alexander Block (1880 - 1921)[237]

---

[233] Röcker, Hartnick / In Deutschland kochen zu viele Branchen ihre eigene EDI-Suppe / S. 34
[234] Aus: Deutsch / EDI / S. 12
[235] Dirlewanger / EDIFACT, der Schlüssel / S. 40
[236] Bösler, Schlieper / Interview / S. 38
[237] Block / Briefe, Tagebücher / An die Mutter 21.02.1911

7 ANHANG

Anhang 1 - Nutzdatenrahmen einer EDIFACT-Nachricht [238]

Trennzeichenvorgabe

| UNA | | | | | |

Nutzdatenkopfsegment

| UNB | Datenelement 1 | .... | Datenelement n |

Kopfsegment für Nachrichtengruppe

| UNG | Datenelement 1 | .... | Datenelement n |

Nachrichtenkopfsegment

| UNH | Datenelement 1 | .... | Datenelement n |

| AAA |

Benutzer-Segment / Daten

| ZZZ |

Nachrichtenendsegment

| UNT | Datenelement 1 | .... | Datenelement n |

Endsegment für Nachrichtengruppe

| UNE | Datenelement 1 | .... | Datenelement n |

Nutzdatenendsegment

| UNZ | Datenelement 1 | .... | Datenelement n |

---

[238] Vgl.: Hermes / Syntax-Regeln / S. 10

Anhang 2 - EDIFACT bei den Vereinten Nationen [239]

Die Europäische Wirtschaftskommission der UNO (UN/ECE)
ist eine der fünf regionalen Kommissionen des Wirtschafts- und Sozialrates der Vereinten Nationen. Der Name ist etwas irreführend, denn die UN/ECE umfaßt Nordamerika, West- und Osteuropa mit zur Zeit insgesamt 51 Mitgliedsstaaten. Überdies kann jeder beliebige andere Staat, sofern UNO-Mitglied, mit Interesse an bestimmten Themen an den Konferenzen der UN/ECE teilnehmen (gemäß Artikel 11 der ECE-Satzungen). Bestimmte anerkannte staatliche und private internationale Organisationen können in bestimmten Ausschüssen der UN/ECE ebenfalls mitwirken.

Die UN/ECE Arbeitsgruppe Nr. 4
für die Vereinfachung von intern. Handelsverfahren (UN/ECE WP.4 - Working Party on Facilitation of International Trade Procedures) ist ein Ausschuß der Kommission für Handelsentwicklung. Sie besteht aus Fachleuten für Datenelemente und elektr. Datenaustausch (Expertengruppe 1 - GE.1 - Group of Experts 1) sowie aus Fachleuten für Verfahren und Dokumentation (Expertengruppe 2 - GE.2 - Group of Experts 2), welche von ihren Regierungen nominiert wurden, oder von Organisationen, die von den Vereinten Nationen anerkannt sind.

Mitgliedsstaaten, die an WP.4-Sitzungen teilnehmen:

Albanien	Finnland	Kanada	Monaco	Schweiz
Andorra	Frankreich	Kirgistan	Niederlande	Spanien
Armenien	Georgien	Kroatien	Norwegen	Tschechien
Aserbaidschan	Griechenland	Lettland	Österreich	Türkei
Belarus	Großbritannien	Liechtenstein	Polen	Turkmenistan
Belgien	Irland	Litauen	Portugal	Ukraine
Bosnien-	Island	Luxemburg	Rumänien	Ungarn
Herzegowina	Israel	Makedonien	Russische	USA
Bulgarien	Italien	Malta	Föderation	Usbekistan
Dänemark	Jugoslawien	Moldau	San Marino	Zypern
Deutschland			Schweden	
Estland				

Beobachter gemäß Artikel 11:

Grds. können nur UNO-Mitgliedsstaaten unter diesem Artikel teilnehmen. In letzter Zeit waren folgende. Staaten als Beobachter gemäß Artikel 11 bei WP.4-Sitzungen vertreten: Australien, Japan, Kenia, Neuseeland, Senegal, Singapur und Sri Lanka.

Zwischenstaatliche Organisationen, die an WP.4-Sitzungen teilnehmen:

CCC	Internationaler Zollrat
CEC	Kommission der Europäischen Gemeinschaft
EFTA	Europäische Freihandelszone

Besondere Vertretungen bei der UNO, die an WP.4-Sitzungen teilnehmen:

GATT	Allgemeines Zoll- und Handelsabkommen
ICAO	Internationaler Zivilluftfahrtsverband
IMO	Internationale Seefahrtsorganisation
ITU	Internationale Union für Fernmeldewesen
UNIDO	UN-Organisation für industrielle Entwicklung

Abteilungen und Organisationen der UNO, die an WP.4-Sitzungen teilnehmen:

UNCITRAL	UN-Kommission für internationales Handelsrecht
UNCTAD	UN-Konferenz für Handel und Entwicklung

Sonstige internationale Organisationen, die an WP.4-Sitzungen teilnehmen:

CIT	Internationale Kommission für Eisenbahntransport
EAN	Internationale Organisation für Artikelnummerierung
FIATA	Internationale Vereinigung der Spediteursverbände
IAPH	Internationaler Verband der Seehäfen
IATA	Internationale Lufttransportvereinigung
ICAA	Internationaler Verband der Zivilflughäfen
ICC	Internationale Handelskammer
ICS	Internationale Schiffahrtskammer
IDEA	Internationaler Datenaustausch Verband
IRU	Internationale Union für Straßentransport
ISO	Internationale Organisation für Normung
SWIFT	Gesellschaft für weltweiten elektr. Zahlungsverkehr zw. Banken
UIC	Internationale Eisenbahnunion
UIRR	Union für internationalen Straßen-/Schienentransport

---

[239] Quelle: DIN / UN/EDIFACT / S. 10 - 11

Anhang 3 - Status aller EDIFACT-Nachrichten; Stand 11/94 mit Ergänzungen von 3/95 [240]

Bezeichner		Nachrichtentyp (Benennung in deutsch, soweit verfügbar)	Status
APERAK		Application Error and Acknowledgement Message	1
AUTHOR		Authorisation Message	1
BALANC		Rohbilanz	0
BANSTA		Bank-Status-Nachricht	1
BAPLIE	UNSM	Ladeplan über leere und besetzte Zellen	2
BAPLTE	UNSM	Ladeplan über Gesamtanzahl	2
BOPBNK		Reporting of Bank's Transactions and Portfolio Transactions	1
BOPCUS		Reporting of the Balance of Payment from Customer Transactions	1
BOPDIR		Direct Balance of Payment Declaration	1
BOPINF		Balance of Payment Information from Customer	1
BOPSTA		Exchange of Balance of Payment Statistics	0
CALINF		Schiffsinformation	1
CASINT		Case Initiation (Request for Legal Action)	0
CASRES		Case Response (Legal Response)	0
CHACCO		Kontenrahmen	0
CLAREQ		Classification General Request	0
CLASET		Classification Information Set	0
COACOR		Container Acceptance Order	0
COARCO		Container Arrival Confirmation	0
COARIN		Container Arrival Information	0
COARNO		Container Arrival Notice	0
COARRI		Container-Ankunftsmeldung	1
CODECO		Container Departure Confirmation	1
CODENO		Container Customs Documents Expiration Notice	1
CODEPA		Container-Abgangsmeldung	0
COEDOR		Empty Container Disposition Order	1
COHAOR		Container Special Handling Order	1
COITON		Container Inland Transport Order Notice	0
COITOR		Container Inland Transport Order	0
COITOS		Container Inland Transport Order Response	0
COITSR		Container Inland Transport Space Request	0
COLADV		Advice of a Documentary Collection	0
COLREQ		Request for a Documentary Collection	0
COMCON		Component Parts Content Message	0
COMDIS		Handelsunstimmigkeit	1
CONAPW		Advice on Pending Works	1
CONDPV	UNSM	Verkürzte Rechnung	2
CONDRA		Drawing Administration	1
CONDRO		Drawing Organisation	1
CONEST	UNSM	Auftragserteilung	2
CONITT	UNSM	Angebotsaufforderung	2
CONPVA	UNSM	Baurechnung	2
CONQVA	UNSM	Bauleistungsstand	2
CONRPW		Response on Pending Works	1
CONTEN	UNSM	Angebotsabgabe	2
CONWQD		Work Item Quantity Determination	1
COOVLA		Zuviel angelieferte Container	0
COPARN		Container Prearrival Notice	1
COPDEM		Container-Vorabmeldung mit Anweisungen	0
COPINF		Container Pick-up Information	0
COPINO		Container Pick-up Notice	1
COPRAR		Container-Vorankunftsmeldung	1
COPRDP		Container-Vorabmeldung	0
COREOR		Container Release Order	1
COSHLA		Zu wenig angelieferte Container	0
COSTCO		Container Stuffing Confirmation	1
COSTOR		Container Stuffing Order	1
CREADV	UNSM	Gutschriftsanzeige	2
CREEXT	UNSM	Erweiterte Gutschriftsanzeige	2
CREMUL		Multiple Gutschriftsanzeige	1

---

[240] DIN / UN/EDIFACT Nachrichtentypen / S. 96 - 99

CURRAC		Current Account Message	0
CUSCAR	UNSM	Zoll-Gestellungsmitteilung	2
CUSDEC	UNSM	Zollanmeldung	2
CUSEXP		Zollanmeldung für Expressgut	1
CUSREP	UNSM	Zoll-Beförderungsmitteilung	2
CUSRES	UNSM	Zollantwort	2
DEBADV	UNSM	Belastungsanzeige	2
DEBMUL		Multiple Belastungsanzeige	1
DELFOR	UNSM	Lieferplan / Lieferabruf	2
DELJIT	UNSM	Feinabruf	2
DESADV	UNSM	Liefermeldung	2
DESTIM		Equipment Damage/Repair Estimate Message	0
DIRDEB		Lastschrift	1
DIRDEF		UN/EDIFACT Verzeichnis-Festlegung	0
DOCADV		Avisierung eines Dokumentenakkreditivs	1
DOCAMA		Advice of an Amendment of a Documentary Credit	1
DOCAMD		Direct Amendment of a Documentary Credit	0
DOCAMI		Documentary Credit Amendment Information	1
DOCAMR		Request for an Amendment of a Documentary Credit	1
DOCAPP		Antrag zur Eröffnung eines Dokumentenakkreditivs	1
DOCARE		Response to an Amendment of a Documentary Credit	1
DOCINF		Information über die Eröffnung eines Dokumentenakkreditivs	1
DOCISD		Direct Documentary Credit Issuance	0
DOCTRD		Direct Transfer of a Documentary Credit	0
DOCTRI		Documentary Credit Transfer Information	0
DOCTRR		Request to Transfer a Documentary Credit	0
ENTREC		Buchungssatz	0
FINCAN		Financial Cancellation Message	1
FINSTA		Financial Statement	1
FUNACK		Functional Acknowledgement	0
GATEAC		Gate and Intermodal Ramp Activities Message	0
GENRAL		Allgemeine Nachricht	0
GESMES		Allgemeine statistische Nachricht	1
HANMOV		Nachricht für den Ladungs-/Güterumschlag und -transport	1
ICNOMO		Insurance Claims Notification Message	0
IFCSUM	UNSM	Speditions- und Sammelladungs-Nachricht	2
IFTCCA		Speditions- und Transport-Sendungskosten-Kalkulation	1
IFTDGN		Gefahrgutanmeldung	1
IFTFCC		International Freight Costs and Other Charges	0
IFTIAG		Dangerous Cargo List Message	1
IFTMAN	UNSM	Ankunftsmeldung	2
IFTMBC	UNSM	Buchungs-/Reservierungsbestätigung	2
IFTMBF	UNSM	Buchung/Reservierung	2
IFTMBP	UNSM	Buchungs-/Reservierungsanfrage	2
IFTMCS	UNSM	Auftragsbestätigung/Statusmeldung	2
IFTMIN	UNSM	Transport-/Speditionsauftrag	2
IFTRIN		Speditions- und Transportraten-Information	1
IFTSAI		Speditions- und Transportzeitplan und -Verfügbarkeitsinformation	1
IFTSTA		Multimodaler Statusbericht	1
IFTSTQ		Anforderung eines multimodalen Statusberichts	1
INFENT		Enterprise Information	0
INSPRE		Versicherungsprämien-Nachricht	1
INVOIC	UNSM	Rechnung	2
INVRPT	UNSM	Lagerstandsbericht	2
ITRGRP		In Transit Groupage Message	0
ITRRPT		In Transit Report Detail Message	0
JAPRES		Bewerbungsergebnis	0
JIBILL		Abrechnung für Anteilseigner	0
JINFDE		Job Information Demand Message	0
JOBAPP		Bewerbungsvorschlag	0
JOBCON		Job Offer Confirmation Message	0
JOBMOD		Stellenmodifikation	0
JOBOFF		Stellenangebot	0
MEDPID		Angaben zum Patienten	0
MEDPRE		Rezept	0
MEDREQ		Medizinische Leistungsanforderung	0
MEDRPT		Medizinischer Befundbericht	0
MEDRUC		Behandlungskosten	0

MOVINS		Stauanweisung	1
ORDCHG	UNSM	Bestelländerung	2
ORDERS	UNSM	Bestellung	2
ORDRSP	UNSM	Bestellantwort	2
OSTENQ		Bestellstatusanfrage	0
PARTIN	UNSM	Partnerstammdaten	2
PAXLST	UNSM	Passagier-/Besatzungsliste	2
PAYDUC	UNSM	Gehaltsabzugsavis	2
PAYEXT	UNSM	Erweiterter Zahlungsauftrag	2
PAYMUL		Multipler Zahlungsauftrag	1
PAYORD	UNSM	Zahlungsauftrag	2
PRICAT		Preisliste/Katalog	1
PRODAT		Produktstammdaten	0
PRODEX		Product Exchange Message	1
PROTAP		Project Tasks Planning Message	0
PRPAID		Versicherungsprämien-Zahlungsnachricht	1
QALITY	UNSM	Qualitätsdaten	2
QUOTES	UNSM	Angebot	2
RDRMES		Raw Data Reporting Message	0
REACTR		Equipment Reservation, Release, Acceptance and Termination Mess.	0
RECADV		Wareneingangsmeldung	0
RECECO		Credit Risk Cover Message	1
RECLAM		Reinsurance Claims Message	0
REINAC		Reinsurance Account Message	0
REMADV	UNSM	Zahlungsavis	2
REQDOC		Request for Document	1
REQOTE	UNSM	Anfrage	2
RESETT		Reinsurance Settlement Message	0
RESMSG		Buchung/Reservierung	0
RESREQ		Travel, Tourism and Leisure Reservation Request - Interactive Mess.	0
RESRSP		Travel, Tourism and Leisure Reserv. Response - Interactive Message	0
RETACC		Reinsurance Technical Account Message	0
SAFHAZ		Sicherheitsdatenblatt	0
SANCRT		Gesundheits-/Pflanzengesundheitszeugnis	1
SLSFCT		Verkaufsprognose	1
SLSRPT		Verkaufsdatenbericht	1
SSIMOD		Modification of Identity Details Message	0
SSRECH		Worker's Insurance History Message	0
SSREGW		Notification of Registration of a Worker	0
STATAC	UNSM	Kontoauszug	2
SUPCOT	UNSM	Beitragsmeldung für Rentenversicherung	2
SUPMAN	UNSM	Nachricht zur Pflege des Pensions-/Rentenbestandes	2
SUPRES		Antwort des Dienstleistenden	0
TANSTA		Tank Status Report Message	0
TESTEX		Test Message Explicit Mode	0
TESTIM		Test Message Implicit Mode	0
VESDEP		Abfahrt des Schiffes	1
WKGRDC		Work Grant Decision Message	0
WKGRRE		Work Grant Request Message	0

Status:
0 = Arbeitspapier   1 = Entwurf für Empfehlung   2 = Empfehlung

Gesamt:

102	Nachrichtentypen mit Status 0	
33	Nachrichtentypen mit Status 1	
42	Nachrichtentypen mit Status 2	
177	Nachrichtentypen insgesamt	

Seite 124

Anhang 4 - EDIFACT Organisationsstruktur bei den Vereinten Nationen und dem Westeuropäischen EDIFACT Board[241]

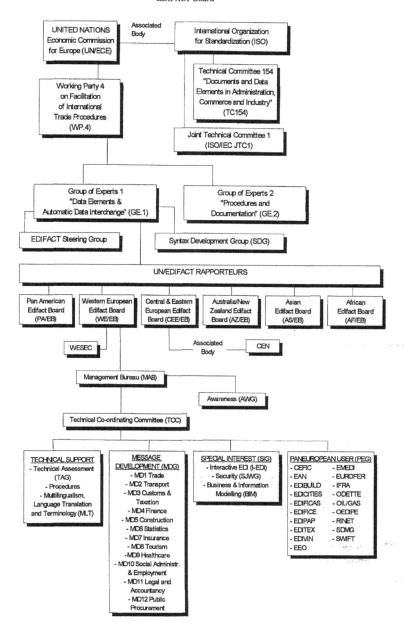

---

[241] Aus: DIN / UN/EDIFACT / S. 13

Anhang 5 - Organisation und Betreuung des Fachbereichs 3 des Normenausschuß Bürowesen im DIN [242]

Fachbereich 3
Elektronischer Geschäftsverkehr
Fachbereichsleiter: Tuisko Buchmann
Stellvertreter: Ch. Frick und B. C. Engberg

NBü-3.02: EDI-Prüfung und Überwachung*)
Projektbetreuer: Bernd Bösler, DEDIG,
Henry Schlieper und Jürgen Woscholski
Betreuer: Bernd Bösler
Sekretariat: Helga Wahlers

Nbü-3.03: Datentransfer
Obmann: N. N.
Stellvertreter: -
Betreuer: Bernd Bösler
Sekretariat: Helga Wahlers

Nbü-3.04: Öffentlichkeitsarbeit
Obmann: Henry Schlieper
Stellvertreter: -
Betreuer: Bernd Bösler
Sekretariat: Helga Wahlers

Nbü-3.05: Sicherheitsaspekte
Obmann: Wilhelm Niehoff
Stellvertreter: Fr. Dr. Korte/Fr. Dr. Nebelung
Betreuer: Bernd Bösler
Sekretariat: Helga Wahlers

Nbü-3.06: Vordrucke für Industrie, Handel und Verwaltung
Obmann: N. N.
Betreuer: Astrid Weber
Sekretariat: Helga Wahlers

*) Der Nbü-3.02 agiert als ad hoc-Gruppe des NBü-3-Fachbeirats für fachlich übergreifende Fragen und tagt nur bei Bedarf.

[1] Nachrichten für die Konsumgüterwirtschaft werden im NDWK Normenausschuß Daten- und Warenverkehr in der Konsumgüterwirtschaft im DIN bearbeitet; der NDWK ist im Fachbeirat des Nbü-3 vertreten.

[2] Versicherungs-Nachrichten werden von der EDIFACT-Arbeitsgruppe des Gesamtverbandes der deutschen Versicherungswirtschaft betreut; der Verband ist im Fachbeirat des Nbü-3 vertreten.

[3] Nachrichten für das Gesundheitswesen werden im NAMed Normenausschuß Medizin im DIN bearbeitet; der NAMed ist im Fachbeirat des Nbü-3 vertreten.

Nbü-3.11: Handel-/Industrie-Nachrichten[1]
Obmann: Hartmut Hermes
Stellv.: C. Gross/J. Woscholski/Dr. Stamm
Betreuer: Bernd Bösler
Sekretariat: Helga Wahlers

Nbü-3.21: Transport-Nachrichten
Obmann: Kurt Geiser
Stellvertreter: Klaus Zänker
Betreuer: Bernd Bösler
Sekretariat: Helga Wahlers

Nbü-3.31: Zoll-/Verwaltungs-Nachrichten
Obmann: Dietmar Jost
Stellvertreter: Wolfgang Seelig
Betreuer: Bernd Bösler
Sekretariat: Helga Wahlers

Nbü-3.41: Bank-Nachrichten
Obmann: Ernst Deeg
Stellvertreter: N. N.
Betreuer: Bernd Bösler
Sekretariat: Helga Wahlers

Nbü-3.42: EDIFICAS
Obmann: Wolfgang Stegmann
Stellvertreter Jens Miebach
Betreuer: Dr. Winfried Hennig
Sekretariat: Renate Wieshofer

Nbü-3.51: Bauwesen-Nachrichten
Obmann: H.-J. Rosenberg
Stellvertreter: Karsten Lukaschewski
Betreuer: Bernd Bösler
Sekretariat: Helga Wahlers

Nbü-3.61: Statistik-Nachrichten
Obmann: N. N.
Betreuer: Dr. Winfried Hennig
Sekretariat: Renate Wieshofer

Nbü-3.71: Versicherungs-Nachrichten[2]
Kontaktperson: Joachim Köhler
Betreuung durch den Gesamtverband der deutschen Versicherungswirtschaft

Nbü-3.81: Tourismus-Nachrichten
Obmann: Achim Fried
Stellvertreter: Dietrich Lasch
Betreuer: Bernd Bösler
Sekretariat: Helga Wahlers

Nbü-3.91: Nachrichten des Gesundheitswesens[3]
Kontaktperson: Dr. Ostapowicz
Betreuung durch den NaMed/C7
Herr Dr. Ostapowicz

---

[242] Kombination aus den Abbildungen „Organisation des Fachbereichs 3 des Normenausschuß Bürowesen im DIN" und „Betreuung der Arbeitsausschüsse des Fachbereichs 3" aus: DIN / Informationen zur Organisation und zum Stand von EDIFACT / S. 15 und 16

Anhang 6 - Formatbeschreibung ZKA-Subset PAYEXT [243]

TAG	NAME DES SEGMENTES	Status[244]	Max. Anzahl
UNH	Nachrichten-Kopfsegment	M	1
BGM	Beginn der Nachricht	M	1
DTM	Datum/Uhrzeit/Zeitraum	M	3
RFF	Referenz	K	1
BUS	Art des Geschäftsvorfalls	K	1
FTX	Freier Text	K	1
PAI	Zahlungsangaben	X	
FCA	Gebührenregelung	K	1
	Segmentgruppe 1	M	1
MOA	Geldbetrag	M	1
CUX	Währungsangaben	X	
DTM	Datum/Uhrzeit/Zeitraum	X	
RFF	Referenz	X	
	Segmentgruppe 2	K	2
FII	Kreditinstitut	M	1
CTA	Ansprechpartner	X	
COM	Kommunikationsverbindung	X	
	Segmentgruppe 3	K	2
NAD	Name und Anschrift	M	1
CTA	Ansprechpartner	X	
COM	Kommunikationsverbindung	X	
	Segmentgruppe 4	X	
INP	Beteiligte an einer besonderen Weisung	X	
FTX	Freier Text	X	
DTM	Datum/Uhrzeit/Zeitraum	X	
	Segmentgruppe 5	K	9999
DOC	Einzelheiten zu Dokument/Nachricht	M	1
MOA	Geldbetrag	M	5
DTM	Datum/Uhrzeit/Zeitraum	K	5
RFF	Referenz	K	5
NAD	Name und Anschrift	K	2
	Segmentgruppe 6	K	5
CUX	Währungsangaben	M	1
DTM	Datum/Uhrzeit/Zeitraum	K	1

[243] Aus: Handbuch ZKA-Subset PAYEXT, 21. Februar 1995
[244] M = Mußfeld; K = Kannfeld; X = Keine Verwendung

	Segmentgruppe 7	K	100
AJT	Adjustment Details	M	1
MOA	Geldbetrag	K	1
RFF	Referenz	K	1
	Segmentgruppe 8	K	9999
DLI	Document Line Identification	M	1
MOA	Geldbetrag	K	5
PIA	Additional Product ID	K	5
DTM	Datum/Uhrzeit/Zeitraum	K	5
	Segmentgruppe 9	K	5
CUX	Währungsangaben	M	1
DTM	Datum/Uhrzeit/Zeitraum	K	1
	Segmentgruppe 10	K	10
AJT	Adjustment Details	M	1
MOA	Geldbetrag	K	1
RFF	Referenz	K	1
UNS	Section Control	M	1
MOA	Geldbetrag	M	5
	Segmentgruppe 11	K	2
GIS	General Indicator	M	1
NAD	Name und Anschrift	M	1
FTX	Freier Text	M	6
	Segmentgruppe 12	X	
AUT	Authorisierungsergebnis	X	
DTM	Datum/Uhrzeit/Zeitraum	X	
UNT	Nachrichten-Endsegment	M	1

Anhang 7 -Kfz-Schadenmeldungsnachricht (ICNOMO), Stand 07/94 [245]

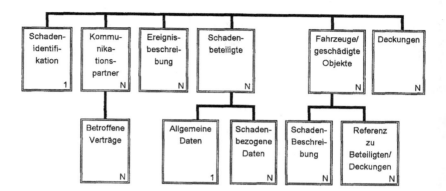

Anhang 8 - Übersicht der SEDI-Produkte von SNI [246]

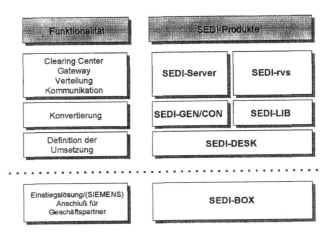

Anhang 9 - Struktur des SEDI-SERVER [247]

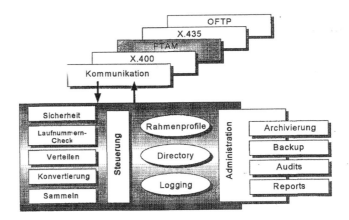

[246] Quelle: Siemens Nixdorf / Informationsmaterial SEDI von Siemens Nixdorf / S. 6
[247] Quelle: Siemens Nixdorf / Informationsmaterial

Anhang 10 - Architektur mit MOSAIC-EDI von ASSEM AUDI [248]

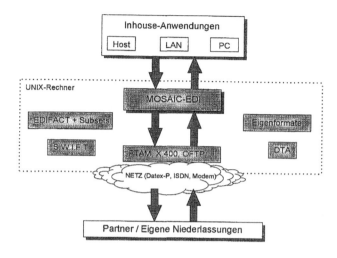

Anhang 11 - Struktur eines EDI-Servers mit MOSAIC-EDI [249]

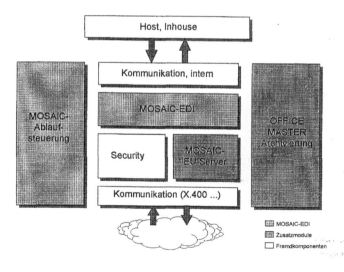

[248] Quelle: Informationsmaterial der ASSEM AUDI + Co. GmbH
[249] Quelle: Informationsmaterial der ASSEM AUDI + Co. GmbH

8 ABBILDUNGSVERZEICHNIS

9 ABKÜRZUNGSVERZEICHNIS

Abb.	Abbildung
ACSE	Association Control Service Element
A-ECC	Association EDI Clearing Center
ANSI	American National Standards Institute
ASC	Accredited Standard Committee
AWV	Arbeitsgemeinschaft für wirtschaftliche Verwaltung e. V.
BCS	Banking Communication Standard
BDVM	Bundesverband Deutscher Versicherungsmakler
BTX	Bildschirmtext
CCG	Centrale für Coorganisation
CCITT	Comité Consultatif International Télégraphique et Téléphonique
CCR	Commitment, Concurrency and Recovery
CEFIC	Conseil Europeén des Fédérations de l'Industrie Chemique
CIM	Computer Integrated Manufacturing
DEDIG	Deutsche EDI-Gesellschaft
DFÜ	Datenfernübertragung
DIN	Deutsches Institut für Normung e. V.
DTA	Datenträgeraustausch
DTAZV	Datenträgeraustausch im Zahlungsverkehr
DV	Datenverarbeitung
EAN	European Article Numbering
EANCOM	Internationaler Verband der Artikelnummerierung
EBDI	Electronic Business Data Interchange
ECC	EDI Clearing Center
EDI	Electronic Data Interchange
EDIFACT	Electronic Data Interchange for Administration, Commerce and Transport
EDIFICE	EDI for Companies with Interest in Computing and Electronics
EG	Europäische Gemeinschaft
ELFE	Elektronische Fernmelderechnung auf EDIFACT-Basis
ESG	Elektroniksystem- und Logistik-GmbH

EU.................................Europäische Union, Elektronische Unterschrift

FA.................................Fachabteilung

FTAM.........................File Transfer, Access and Management

GDE.............................Gruppendatenelemente

GDV ....Gesamtverband der Deutschen Versicherungswirtschaft

GE ....Groups of Experts

GTDI ....Guidelines for Trade Data Interchange

HMD............................Handbuch der maschinellen Datenverarbeitung

hrsg. ....herausgegeben

IDOC ....Intermediate Document

I-ECC...........................internes EDI Clearing Center

ISDN............................Integrated Services Digital Network

ISO ....International Standards Organization

JIT ....Just in time

LZB ....Landeszentralbank

MAC............................Message Authentication Code

MD ....Message Development Group

MNP ....Microcom Networking Protocol

MT...............................Message Typ

Nbü ....Normenausschuß Bürowesen

ODA ....Office Document Architecture

ODETTE......................Organisation for Data Exchange by Tele Transmission
in Europe

ODIF............................Office Document Interchange Format

OFTP ....Open File Transfer Protocol

OSI ....Open Systems Interconnection

o. V. ....ohne Verfasser

PC................................Personal Computer

PIK ....Praxis der Informationsverarbeitung
und Kommunikation

RINET ....Reinsurance and Insurance Network

ROSE...........................Remote Operations Service Element

RSA ....Riverst-Shamir-Adelman-Verfahren

RTSE ....Reliable Transfer Service Element

SBG ....Schweizerische Bankgesellschaft

SBV ....Schweizer Bankverein

S-ECC..........................Service Provider EDI Clearing Center

SEDAS	Standardregelungen einheitlicher Datenaustausch-Systeme
SEDI	Siemens Electronic Data Interchange
SIC	Swiss Interbank Clearing
SKA	Schweizerische Kreditanstalt
SNI	Siemens Nixdorf
S.W.I.F.T.	Society for Worldwide Interbank Financial Telecommunication
TCP/IP	Transmission Control Protocol/Internet Protocol
TDED	Trade Data Elements Directory
TDID	Trade Data Interchange Directory
TEDIS	Trade Electronic Data Interchange System
TP	Transaction Processing
TRADACOMS	Trade Data Communication Standards
UN	United Nations
UN/ECE	United Nations/Economic Commission for Europe
UN/EDIFACT	United Nations/Electronic Data Interchange for Administration, Commerce and Transport
UNO	United Nations Organization
UNSM	United Nations Standard Messages
VAN	Value Added network
VANS	Value Added Network Services
VCI	Verband der chemischen Industrie
VDA	Verband der deutschen Automobilindustrie
VDV	Versicherungs-Daten-Verarbeitung
VTP	Virtual Terminal
VU	Versicherungsunternehmen
VW	Volkswagen
WEEB	Western European EDIFACT-Board
WP	Working Party
ZA	Zahlungsanweisung
ZKA	Zentraler Kreditausschuß
ZV	Zahlungsverkehr
ZVEI	Zentralverband Elektrotechnik- und Elektronikindustrie

10   LITERATURVERZEICHNIS

Ambron, Christian

Commerzbank gestaltet mit EDI neues Angebot für Firmenkunden; in: Computerwoche vom 3. Juni 1994, S. 50 - 52

Benjamin, Robert I.; de Long, David W.; Morton, Michael S. Scott

Electronic Data Interchange: How Much Competitive Advantage? in: Long Range Planning 1/1990, S. 29 - 40

Bever, M.

ISO-OSI-Anwendungsschicht; in: Informatik Spektrum 13/1990, S. 163 - 164

Block, Alexander

An die Mutter 21.02.1911, aus: Briefe, Tagebücher; Ausgewählte Werke, Band 3, Berlin 1978

Bolzoni, Paolo

EDIFACToring: Für FACTORS CHAIN INTERNATIONAL (FCI) der Einstieg in die Zukunft; in: Finanzierung - Leasing - Factoring 3/1994, S. 104 - 106

Bösler, Bernd; Schlieper, Henry

Interview mit Henry Schlieper, in: edi-change 1/1995, S. 35 - 38

Brunner, Gerhard

EDIFACT in der Bayerischen Vereinsbank; in: edi-change 2/1995, S. 21 - 23

Bruns, Werner

EDI-Management durch ein EDI Clearing Center, in: edi-change 1/1995, S. 32 - 34

Bruns, Werner

EDI-Management durch ein EDI Clearing Center; in: edi-change 2/1995, S. 41 - 45

Büchner, Wolfgang

Rechtliche Chancen und Risiken zwischenbetrieblicher Integration im Wege des vernetzten Geschäftsverkehrs; in: HMD 165/1992, S. 34 - 46

Bumba, Frantisek

EDI in logistischen Leistungsketten; in: Informationstechnik it 3/1992, S. 160 - 167

Bürger, Ralf

Schaffung von Wettbewerbsvorteilen durch EDIFACT; in: OFFICE MANAGEMENT 12/1994, S. 51 - 53

Büttgens, Walter

Mehr als nur ein neuer Datensatz? ; in: Betriebswirtschaftliche Blätter 1/1992, S. 40 - 41

CCG Centrale Co-Organisation

EDI: Der Handel macht Dampf - aber noch Hemmschwellen für die Industrie; in: Coorganisation 3/1994, S. 32 - 40

Christann, H.-J.

EDIFACT und OSI, in: Tagungsband Münchner OSI-Tage '90, 23. - 25. April 1990, München 1990, S. 346 - 388

Daniels, Hans-Jürgen

EDIFACT – Baustein für einen Kommunikationsverbund; in: Fortschrittliche Betriebsführung & Industrial engineering 6/1989, S. 296 - 300

Deeg, Ernst

EDIFACT, eine neue Herausforderung für die Kreditinstitute; in: EDIFACT
- Elektronischer Datenaustausch für Verwaltung, Wirtschaft und Transport,
Einführung: Entwicklung, Grundlagen und Einsatz; hrsg. von DIN Deutsches
Institut für Normung e.V. 1991, S. 40 - 42

Deutsch, Markus

EDI - neue Perspektiven für den Mittelstand, in: x-change 2/1994, S. 10 - 12

Deutsch, Markus

EDI und Kosten, in: edi-change 1/1995, S. 44 - 45

DIN Deutsches Institut für Normung e. V.,

Normenausschuß Bürowesen (Nbü)

Informationen zur Organisation und zum Stand von EDIFACT,
Stand Oktober 1994

DIN Deutsches Institut für Normung e. V.,

Normenausschuß Bürowesen (Nbü)

UN/EDIFACT Nachrichtentypen, Stand November 1994

DIN Deutsches Institut für Normung e. V.,

Normenausschuß Bürowesen (Nbü)

UN/EDIFACT Organisation & Ansprechpartner in Deutschland und
Westeuropa; Oktober 1994

Dirlewanger, Prof. Dr. Werner

EDIFACT, der Schlüssel zu weltweitem elektronischen Geschäftsverkehr;
in: PIK 15, 1/1992, S. 36 - 40

Dirlewanger, Prof. Dr. Werner

EDI, Geschäftsbeziehungen mittels elektronischer Datenfernübertragung; in:
PIK 4/1991, S. 242 - 244

Dosdale, Terry

Die Sache mit der Sicherheit bei **EDIFACT**; in: edi-change 2/1995,
S. 56 - 60

Drukarch, Ch. Z.

Flexibel mit UN/EDIFACT; in: OUTPUT 7/8 1993, S. 38 - 46

Drukarch, Ch. Z.

Gemeinsame Sicherheitslösung für UN/Edifact-Zahlungsverkehr; in: IO
Management Zeitschrift 5/1993, S. 34 - 37

Egner, Thomas-Claus

Aktueller Status der EDIFACT-Entwicklung im deutschen Kreditgewerbe;
in: edi-change 2/1995, S. 17

Emmelmainz, M.A.

EDI: A Total Management Guide; New York, Van Nostrand Reinhold, 1993

ESG Elektroniksystem- und Logistik-GmbH - Logistikberatung -,
München

Spielwiese oder Basis für den Erfolg, Umfrage von 1993, in: Logistik heute
Special 4/1994, S. 64 - 70
Eine detaillierte Gesamtauswertung der Studie ist über ESG München, Tel.
089/9216-2746, Fax 089/9216-2838 zum Preis von 68,- DM zu beziehen.

Fanderl, H.; Fischer, K.

ODA/ODIF; in: Informatik Spektrum 14/1991, S. 296 - 298

Fischer, Josef; Lasser, Günter

Kosten-Nutzen-Potential spricht für beleglosen Datenaustausch; in:
Computerwoche vom 28. Juni 1991, S. 46 - 47

Gallasch, Wolfram

EDI - Die innerbetriebliche Komponente; in: EDIFACT - Elektronischer Datenaustausch für Verwaltung, Wirtschaft und Transport, Einführung: Entwicklung, Grundlagen und Einsatz; hrsg. von DIN Deutsches Institut für Normung e.V. 1991, S. 59 - 64

Gebauer, Andreas; Zinnecker, Jürgen

Normen und Standards - Fundamente der zwischenbetrieblichen Integration; in: HMD 165/1992, S. 18 - 33

Georg, Thorsten

EDIFACT - Ein Implementierungskonzept für mittelständische Unternehmen, Deutscher Universitäts-Verlag GmbH, Wiesbaden 1993

Georg, Thorsten

EDI: Über Lean Management zur zeitgemäßen Lean Company; in: Computerwoche vom 3. Juni 1994, S. 41 - 44

Georg, Thorsten

Nicht auf einen Standard kaprizieren; in: ONLINE 1-2/1992, S. 32 - 37

Georg, Thorsten

Elektronischer Geschäftsverkehr: EDI in deutschen Unternehmen; Technologie, Effekte, Praxisbeispiele; Computerwoche Verlag, München, 1995

Groß, Claus

Auswahl eines VAN-Services, oder: Die Qual der Wahl, bei Clearing-Diensten den Überblick zu behalten; in: x-change 3/1994

Güc, Angelika

Komplexe Technik einfach bedienen, in: NET, Heft 3/1995, S. 38 - 39

Güc, Angelika

EDI als Wettbewerbsfaktor, in: Office Management 1-2/1994, S. 88 - 89

Güc, Angelika

Elektronischer Datenaustausch hilft auch kleinen Unternehmen zu sparen, in: Computer Zeitung Nr. 29 vom 21. Juli 1994, S. 21

Hallier, Bernd

Kommunikationstechnologie zwischen Handel und Industrie; in: HMD 165/1992, S. 108 - 116

Handbuch ZKA-Subset PAYEXT

Beschreibung der Nachrichten-Art EDIFACT PAYEXT (Subset) zwischen Kunden und deutschen Kreditinstituten für den Inlands- und Auslandszahlungsverkehr in der Version 91.1/93.2; Stand: 21. Februar 1995

Handwerg, Helmuth

Telekommunikationsdienste; in: EDIFACT - Elektronischer Datenaustausch für Verwaltung, Wirtschaft und Transport, Einführung: Entwicklung, Grundlagen und Einsatz; hrsg. von DIN Deutsches Institut für Normung e.V. 1991, S. 17 - 22

Handwerg, Helmuth

EDIFACT: Universalsprache für Datenübermittlung; in: Zeitschrift für das Post- und Fernmeldewesen 12/1988, S. 46 - 51

Heiner, Volker

Eletronischer Datenaustausch (EDI) wird boomen; in: IO Management 6/1994, S. 79 - 80

Hermes, Hartmut

Syntax-Regeln für den elektronischen Datenaustausch; in: EDIFACT - Elektronischer Datenaustausch für Verwaltung, Wirtschaft und Transport, Einführung: Entwicklung, Grundlagen und Einsatz; hrsg. von DIN Deutsches Institut für Normung e.V. 1991, S. 7 - 12

Heuser, Dr. Ansgar

Nachgefragt: Ist die digitale Signatur sicher ? Dr. Ansgar Heuser, Leiter der Abteilung Kryptographie des Bundesamtes für Sicherheit in der Informationstechnik, Bonn, über die elektronische Unterschrift, Interview von Dr. Jeanne Rubner; in: Süddeutsche Zeitung Nr. 135 vom 14./15. Juni 1995, S. 46

Hildebrandt, Heinz

PAYMUL - Ein wichtiger Schritt im UN/EDIFACT-Zahlungsverkehr, Die Verarbeitung der PAYMUL-Meldung bei der SBG; hrsg. von der SBG, S. 1 - 3

Hoffmann, Hans Dieter

Geschäftspartner als Hauptgarant für eine erfolgreiche EDI-Lösung; in: edi-change 2/1995, S. 53 - 55

Hoffmann, Karsten

IBMs VAN: Weltweiter Zugang über zehn Knoten; in: Computerwoche vom 13.05.1988, S. 28 - 29

Jaburek, Dipl.-Ing. Dr.jur. Dr.techn. Walter J.

Risiken elektronischer Datenübermittlung im Banken-, Handels- und Behördenbereich: eine Risikoanalyse aus technisch-wirtschaftlich-kriminologisch-rechtlicher Sicht; BI-Wiss.-Verlag, Mannheim 1990

Janssens, Gerrit K.; Cuyvers, Ludo

EDI - A Strategic Weapon in International Trade; in: Long Range Planning 2/1991, S. 46 - 53

Janssens, Gerrit K.; Cuyvers, Ludo

Elektronischer Datenaustausch (EDI) - ein strategisches Instrument im internationalen Handel; in: Verkehrswissenschaft 1/1992, S. 52 - 66

Jaros-Sturhahn, Dr. Anke; Neuburger, Dr. Rahild

EDI und Internet, in: edi-change 1/1995, S. 28 - 31

Jonas, Christoph

Datenfernübertragung mit dem PC; Vogel Verlag Würzburg, 1992

Jonas, Christoph

Die elektronische Fernmelderechnung - EDIFACT in der Praxis; in: Zeitschrift für Post und Telekommunikation 9/1991, S. 35 - 40

Karszt, Jakob

Internationale Standards sind auch bei EDI das A und O; in: Computerwoche vom 28. Juni 1991, S. 41 - 43

Kirchner, Otto Bernd

Elektronischer Datenaustausch in Deutschland; in: x-change 4/1994, S. 16 - 18

Köhler, Joachim

UN/EDIFACT - Ein internationaler Standard für Erst- und Rückversicherer; Hrsg.: Joachim Köhler, DEUTSCHER RING, Hamburg, Chairman UN/EDIFACT MD.7 Insurance; Oktober 1994; S. 1 - 3

Krönert, Günther

ODA/ODIF-Basisnorm und funktionelle Normen für Dokument-Austauschformate; in: PIK 3/1989, S. 144 - 149

Locke, John

Über den menschlichen Verstand, Band II; Berlin 1968

Mausberg, Paul

Die Abwicklung finanzieller Transaktionen von Retailkunden auf Elektronischen Märkten; Dissertation der Hochschule St. Gallen für Wirtschafts-, Rechts- und Sozialwissenschaften, 1995

Mehnen, Heiko

ELFE optimiert Gebühreninkasso für Anwender und die Telekom; in: Computerwoche vom 3. Juni 1994, S. 48 - 49

Meyers Grosses Handlexikon

    17. Auflage, Mannheim, Leipzig, Wien, Zürich 1994

MLC Management Logistik und Communication Systeme GmbH & Co. KG

    EDI im Banksektor; firmeneigenes Informationsblatt

Neuburger, Dr. Rahild

    Electronic Data Interchange, Einsatzmöglichkeiten und ökonomische Auswirkungen; Deutscher Universitäts Verlag, Wiesbaden 1994

Ong, Heidrun

    EDI und EDIFACT - eine neue Dimension im Zahlungsverkehr; in: edi-change 2/1995, S. 9 - 12

Oppelt, Ulrich; Nippa, Michael

    EDI-Implementierung in der Praxis, Voraussetzungen - Vorgehensweise - Wirtschaftlichkeit; in: OFFICE MANAGEMENT 3/1992, S. 55 - 62

Ortner, E.; Rössner, J.; Söllner, B.

    Entwicklung und Verwaltung standardisierter Datenelemente, in: Informatik Spektrum 13/1990, Berlin 1991, S. 17 - 30

o. V.

    ASC X12 Plan for technical Migration to and administrative Alignment with UN/EDIFACT, 3. November 1994; Quelle: Mausberg, Paul, s.o.

o. V.

    EDI im Vormarsch: Kommunikationsboom kündigt sich an (betrifft die ESG-Studie von 1993); in: bit 9/1994, S. 8 - 10

o. V.

    CS-EDIPAY, Zahlungsverkehr im internationalen UN/EDIFACT-Standard, Die Zahlungsverkehrs-Lösung mit Zukunft; Projektteam CS-EDIPAY, SKA Zürich, 1993

o. V.

Deutsche Bank: Informationsmaterial über EDIFACT bei der Deutschen Bank; aus dem Internet

o. V.

Diverses **Informationsmaterial** über verschiedene SNI-Produkte; hrsg. von Siemens Nixdorf

o. V.

EDIFACT mit der Dresdner Bank; Informationsmaterial der Dresdner Bank AG Frankfurt/Main; S. 1 - 5

o. V.

EDIFACT-Nachrichtentypen im Finanzbereich; Informationsmaterial der Dresdner Bank AG Frankfurt/Main; S. 1 - 4

o. V.

Informationsmaterial: Beste EDI-Verbindung für alle Partner: SEDI von Siemens Nixdorf; hrsg. von Siemens Nixdorf; S. 1 - 12

o. V.

UN/EDIFACT im Zahlungsverkehr mit der SBG; Informationsmaterial der Schweizerischen Bankgesellschaft SBG, Zürich; Hrsg.: Ch. Z. Drukarch, Vizedirektor SBG

o. V.

Was ist EDIFACT ?; Informationsmaterial der Dresdner Bank AG Frankfurt/Main; S. 1 - 4

Papsdorf, Dipl.-Kfm. Eckhard

EDIFACT - Weltweiter Standard für den elektronischen Geschäftsverkehr; in: Wirtschaftswissenschaftliches Studium 4/1988, S. 194 - 195

/P/E/C/O/M/

Der **/P/E/C/O/M/-Leitfaden zu EDIFACT**; hrsg. von der /P/E/C/O/M/ Unternehmensgruppe, München, Frankfurt, Hamburg, Zürich

Picot, Dr. Arnold; Neuburger, Dr. Rahild; Niggl, Johann

Erfolgsdeterminanten von EDI: Strategie und Organisation; in: OFFICE MANAGEMENT 7-8/1992, S. 50 - 54

Picot, Dr. Arnold; Neuburger, Dr. Rahild; Niggl, Johann

Ökonomische Perspektiven eines „Electronic Data Interchange", in: Information Management 2/1991, München 1991, S. 22 - 29

Picot, Dr. Arnold; Neuburger, Dr. Rahild; Niggl, Johann

Wirtschaftliche Potentiale von EDI, Praxiserfahrungen und Perspektiven; in: x-change 2/1994, S. 32 - 35

Picot, Dr. Arnold; Neuburger, Dr. Rahild; Niggl, Johann

Wirtschaftlichkeitsaspekte des Electronic Data Interchange (EDI), in: OFFICE MANAGEMENT 6/1992, S. 38 - 41

Plattner, B.; Lanz, G.; Lubich, H.; Müller, M.; Walter, T.

Datenkommunikation und elektronische Post, 2. Auflage, Addison-Wesley, Bonn 1990

Porter, M.

Wettbewerbsvorteile, Frankfurt 1986

Preissner-Polte, Anne

Fix in Form; in: manager magazin 11/1990, S. 233 - 241

Rauch, Antje

EDIFACT bei der Dresdner Bank, Realisierung und Abläufe; Informationsmaterial der Dresdner Bank AG, Frankfurt/Main, S. 1 - 9

Rauch, Antje; Deeg, Ernst

EDIFACT im Bankbereich - Eine Standortbestimmung; Informationsmaterial der Dresdner Bank AG, Frankfurt/Main, S. 1 - 9

Raudszus, Frank

EDI - Endlose Diskussion statt Innovation, in: OFFICE MANAGEMENT 4/1994, S. 55 - 57

Reimer, Dr. Manuel

EDI in der deutschen Versicherungswirtschaft: EDIFACT - Versicherungsnachrichten für Erstversicherer und Vermittler, Status und Trends; Hrsg.: Versicherungs-Daten-Verarbeitung Klaus Reimer GmbH

Reimer, Dr. Manuel

Dienstleistungen im Outsourcing für Makler und Versicherer; Hrsg.: Versicherungs-Daten-Verarbeitung Klaus Reimer GmbH

Röcker, Beate; Hartnick, Werner

In Deutschland kochen zu viele Branchen ihre eigene EDI-Suppe; in: Computerwoche vom 28. Juni 1991, S. 32 - 34

Rösch, Dipl.-Math. Erich

EDIFACT; in: CIM Management 4/1991, S. 23 - 27

Rude, Dirk; Leberkühne, Claus-Jörg; Oer, Alfons

Just-in-time-Produktion bei VW setzt den Einsatz von EDI voraus, in: Computerwoche 26 vom 28. Juni 1991, S. 35 - 36

Rühl, Gisberg

Mit EDI in die 90er Jahre - Elektronischer Datenaustausch wird zu einem Schwerpunkt in der Telekommunikation; in: OFFICE MANAGEMENT 10/1989, S. 46 - 49

Rühl, G.

Strategische und organisatorische Aspekte von EDIFACT; in: EDIFACT - Elektronischer Datenaustausch für Verwaltung, Wirtschaft und Transport - Zusatztagung zur 4. DIN-Tagung 14. und 15. Februar, Herrenberg; hrsg.: DIN, Berlin 1988, S. 6-1 - 6-7

Scheer, A.-W.; Berkau, C.; Kruse, C.

Analyse der Umsetzung einer EDI-Konzeption am Beispiel der Beschaffungslogistik in der Automobilzulieferindustrie, in: Information Management 2/1991, München 1991, S. 30 - 37

Schlosser, Thomas

EDI-Clearing-Center gibt in der Phonoindustrie jetzt den Ton an; in: Computerwoche vom 23. Juli 1993 sowie x-change 1/1994

Schmid, Marcel

Kommunikationsmodelle für Elektronische Märkte und mögliche Infrastrukturen zu deren Realisierung, Dissertation der Hochschule St. Gallen, Bamberg 1992

Schramm, Herbert F.W.

Elektronischer Datenaustausch als Motor des Geschäftsverkehrs und Waffe gegen die Papierflut; in: OFFICE MANAGEMENT 10/1991, S. 95 - 97

Schubenel, R.

EDIFACT ja - aber ... - die Kunst ist das Weglassen; in: Coorganisation, Heft 2/1989, S. 19 - 23

Schweichler, Norbert

EDI-Realisierung ist längst keine Frage der Technik mehr; in: Computerwoche vom 28. Juni 1991, S. 27 - 31

Schweizer Banken, Gemeinschaftswerk

Überblick: UN/EDIFACT im Verkehr mit den Banken in der Schweiz; Empfehlungen und Richtlinien betreffend Meldungs-, Sicherheitsstandards und Verträgen; Version 1.0/4.93; erschienen bei TELEKURS

Stöttinger, K.-H.

Das OSI-Referenzmodell, Bergheim 1989

stratEDI

Prospekt/eigenes Informationsmaterial des Unternehmens stratEDI, Gesellschaft für Kommunikationskonzepte und -lösungen mbH, Schwelm

Strohmeyer, Rolf

Die strategische Bedeutung des elektronischen Datenaustauschs, dargestellt am Beispiel von VEBA Wohnen; in: Zeitschrift für betriebswirtschaftliche Forschung 5/1992, S. 462 - 475

Suckfüll, Bernd

EDIFACT im bundesdeutschen Zahlungsverkehr; in: edi-change 2/1995, S. 27 - 30

Thomas, Herbert

Vorhandene EDI-Software läßt noch stark zu wünschen übrig; in: Computerwoche vom 28. Juni 1991, S. 49 - 51

Tolkmit, Günther

EDI-Vorteile ergeben sich erst bei der Umorganisation; in: Computerwoche vom 28. Juni 1991, S. 44

Vieser, Peter; Mannhardt, Gabriele; Michl, Bernhard

Bei Siemens ist Financial EDIFACT bereits Wirklichkeit; in: edi-change 2/1995, S. 24 - 26

Weber, Dipl.-Ing. Dieter

Freie Bahn für den elektronischen Geschäftsverkehr; in: Versicherungsbetriebe 5/1991, S. 14 - 22

Wissensquellen gewinnbringend nutzen

Qualität, Praxisrelevanz und Aktualität zeichnen unsere Studien aus. Wir bieten Ihnen im Auftrag unserer Autorinnen und Autoren Wirtschafts-studien und wissenschaftliche Abschlussarbeiten – Dissertationen, Diplomarbeiten, Magisterarbeiten, Staatsexamensarbeiten und Studien-arbeiten zum Kauf. Sie wurden an deutschen Universitäten, Fachhoch-schulen, Akademien oder vergleichbaren Institutionen der Europäischen Union geschrieben. Der Notendurchschnitt liegt bei 1,5.

Wettbewerbsvorteile verschaffen – Vergleichen Sie den Preis unserer Studien mit den Honoraren externer Berater. Um dieses Wissen selbst zusammenzutragen, müssten Sie viel Zeit und Geld aufbringen.

http://www.diplom.de bietet Ihnen unser vollständiges Lieferprogramm mit mehreren tausend Studien im Internet. Neben dem Online-Katalog und der Online-Suchmaschine für Ihre Recherche steht Ihnen auch eine Online-Bestellfunktion zur Verfügung. Inhaltliche Zusammenfassungen und Inhaltsverzeichnisse zu jeder Studie sind im Internet einsehbar.

Individueller Service – Gerne senden wir Ihnen auch unseren Papier-katalog zu. Bitte fordern Sie Ihr individuelles Exemplar bei uns an. Für Fragen, Anregungen und individuelle Anfragen stehen wir Ihnen gerne zur Verfügung. Wir freuen uns auf eine gute Zusammenarbeit.

Ihr Team der Diplomarbeiten Agentur

Diplomica GmbH
Hermannstal 119k
22119 Hamburg

Fon: 040 / 655 99 20
Fax: 040 / 655 99 222

agentur@diplom.de
www.diplom.de